JN066123

日本型
サステナブル・
ロジスティクス

人手不足、コスト増、環境問題、
災害を乗り越えて生き残る方法

㈱クニエ ロジスティクス担当【編著】

はじめに（本書の目的と構成）

　現在、日本の物流が抱える課題には、労働者の働き方、新型コロナウイルス感染症の拡大、自然災害、地球温暖化など様々なものがあり、このままでは社会インフラとしての物流を維持することが難しくなりつつあります。そして本書で提唱する新しい概念である「日本型サステナブル・ロジスティクス」は、これらの課題をまとめて解決することを目指しています。

　2019年1月出版の書籍「日本型ロジスティクス4.0」（日刊工業新聞社）では、IoTや自動機器の活用による物流現場の生産性向上など、技術革新による課題解決を中心に論じました。しかしながら、コロナ禍を経て劇的に社会環境が変化した今、山積する新たな物流課題を解決するには、機器、設備やシステムの導入といった従来型の対応のみならず、社会情勢を的確に捉え、より広い範囲で、企業の経営方針や物流戦略に落とし込むといった総合的かつ統合的な対応を取ることが重要になっています。

　この考えに基づき取り組めるよう、本書ではコンサルティング企業からの指南として具体的な解決方法について述べていきます。

　本題に入る前に、本書の構成を簡単に紹介します。

　第1章では、物流の歴史を振り返り、社会背景とともに物流が変遷してきたことを改めて確認した上で、近年物流業界で起きている課題を明らかにします。それらの課題に対する解決の方向性として、第2章では筆者が考える概念「日本型サステナブル・ロジスティクス」について説明します。その概念を基にした具体的な解決方法として、第3章から第5章まで、「物流増加とそれに伴う人手不足に対応するための業界横断での協業に向けた取り組み」、「二酸化炭素排出や資源の消費、浪費が少ない物流の必要性」、「災害などの危機が発生した際にできるだけ速やかに物流を復旧するための取り組み」について論じます。最後の第6章で

は、課題を解決した先に待つ未来の物流について語ります。

　課題が山積する物流業界ではありますが、「日本型サステナブル・ロジスティクス」によって明るい展望が開けることを切に期待しております。

　最後に、出版にあたり多大なご協力及びご助言をいただきました日刊工業新聞社の藤井様、参考とさせていただきました企業各社様、弊社マーケティング担当にこの場を借りて御礼申し上げます。

2022年7月

　　　　　　　　　　　　　　株式会社クニエ　ロジスティクス担当

日本型サステナブル・ロジスティクス
—人手不足、コスト増、環境問題、災害を乗り越えて生き残る方法

目　次

第**3**章 物流効率化とホワイト物流

第**4**章 環境に負荷をかけないグリーン物流

第5章 物流におけるレジリエンス

第6章 変わる社会環境、変わる物流

第1章
物流の変遷と今ここにある危機

　「はじめに」で述べた通り、日本の物流はその時代ごとの課題を解決することで変化、発展してきた。では過去の日本にはどのような課題があり、どのように物流が変化し、この現代につながっているのか、遡って確認していこう。

1 日本における物流の変遷

● **高度経済成長下のインフラ整備**

　1960年代は高度経済成長期と呼ばれており、戦後からの復興の中で日本経済が継続的、飛躍的に成長を遂げてきた時代である。国内貨物量は1960-1969年の10年間、トンキロベースでおよそ2倍の伸びとなり、1973-1974年の第一次オイルショックまでは同様のペースで伸び続けた。

　その国内貨物量増加の背景にあるのが、1960年代から始まったいわゆる「3C（カラーテレビ、自動車、クーラー）」の普及である。カラーテレビは当初高価だったためになかなか普及しなかったが、1964年に開催された東京オリンピックがカラーテレビで放映されたことを機に普及率が年々上昇し、1966年に0.3％だった普及率は、1970年には26.3％に、1974年には85.9％にまで上昇した。このことも、国内貨物量の増加を裏付ける根拠のひとつとなる。

　自動車に関連して、特にモータリゼーションが進んだのもこの時代である。1961年の自動車普及率は2.8％と低い水準だが、1970年代には22.1％と約20％も上昇している。モータリゼーションの進展に合わせ、国は道路ネットワークの整備を推し進めた。1967年度を初年度として、総額6兆6,000億円の投資を見込む道路整備5カ年計画を策定（第5次5カ年計画）し、高速道路建設と一般道路の整備、舗装を進めた。その結果、1950年には約13％だった国道舗装率は1965年には約75％へと上昇し、高速道路に関しては、名神高速道路（1965年）、首都高速環状線（1967年）、そして東名高速道路（1969年）と着々と開通、道路ネットワークが整備されていった。この道路ネットワークの整備は長距離トラック輸送拡大の基盤となり、そのトラック輸送により、生産に使用す

る原材料の調達が容易となることで、製造業における生産量が飛躍的に増加していった。

　長距離トラック輸送は、1966年度に貨物量がトンキロベースで鉄道の貨物量を超えただけではなく、1960-1970年の約10年間で、トンキロベースで6倍となるほどの好調さを見せた。道路ネットワーク整備を機に地方のトラック事業者が全国的な路線トラック輸送網を構築していった。これこそまさに国が実施したインフラ整備が物流網の拡大に寄与した好例である。

　整備されたのは、道路ばかりではない。港湾整備五カ年計画に基づき、流通拠点となる港湾が整備され、自動車の大量かつ長距離輸送手段として1968年8月に小倉 – 神戸間でカーフェリーの運航が開始されるなど、内航海運インフラの整備も進められた。日本の国内貨物輸送においては長い間鉄道が機関別首位だったが、1960年には内航海運がシェアの1位となるほどだった。

　以上のことから、3C普及による産業の活性化やモータリゼーションの進展をきっかけに、国が道路ネットワークや港湾設備といったインフラの整備を実施したことが、輸送力不足という物流課題の解決となり、加えて地方のトラック事業者が全国的にトラック輸送網を構築するなどして、日本の物流基盤強化、発展に大きく貢献したことがわかるだろう。

● **複雑化する物流**

　1974-1990年は日本経済の安定成長期とも呼ばれ、オイルショックを経た経済の発展および技術の進化により、産業にも変化が生じていった。産業の中心は、鉄鋼、造船、化学といった重厚長大産業から、電化製品やコンピュータなどの軽薄短小産業に移っていった。生活必需品分野においては、生産・供給体制が確立され、一定以上の普及が進むと、多くのメーカーが製品と品種を増やしていった。工場では、単品・大量

生産から多品種・少量生産へと生産方式を変更し、生産に使用する原材料や部品の種類も増加したことを受け、多頻度かつ小口の輸送ニーズが高まった。多品種の製品をできるだけ効率的に低コストで生産するため、Just in Time（以降、JIT）輸送など精緻な配送オペレーションが必要とされたのもこの時代である。

　JITとは、必要なものを、必要な時に、必要なだけ供給するという概念である。この概念に基づき、自動車部品やコンピュータ部品を生産工場が必要な時に、必要なだけ配送するという運用が行われた。原材料や部品を供給する倉庫では、限られたスペースに何万点もの在庫を保管し、生産側の必要に応じて出荷していたため、1点あたりの在庫量を極力減らしつつ、同時に欠品を起こさない管理が求められた。また、生産側の要求に間に合うよう、適切なタイミングに適切な出荷を行う必要があるため、作業員やドライバーの工数把握も重要視されるようになった。物流現場の課題として、緻密な在庫管理と倉庫内作業、配送作業管理の必要性が新たに浮上してきたのだ。

　その課題解決のために登場した技術が、倉庫管理システム（WMS：Warehouse Management System）や輸配送管理システム（TMS：Transport Management System）である。WMS、TMSといっても、当時は電子計算機（コンピュータ）の商用利用がまだ一般的ではない時代であるため、WMS、TMSのコンセプトの起源となる、倉庫業務、輸送業務の体系的、統合的な管理という概念が登場した、と考える方がよいだろう。登場した当初のWMSは、電子計算機を活用することで、搬送機械や自動倉庫などのマテハン機器の制御や、自動倉庫に保管されている在庫の数量の管理を行う仕組みであった。開発コストがまだまだ高く、物流企業が独自でシステムを持つことは難しかったため、WMSは、製造企業が導入、利用する生産管理システムや販売管理システムに付随するものとして提供されることが多い時代だった。つまり当初のWMSは、製造業で普及が進んだ製造、販売、物流を統合した情報シス

テムの一翼を担う形で、生産管理や販売管理と連携し、材料・仕掛品・製品の在庫情報を管理するものだった。

　輸出入の分野では、輸出申告などを行うNACCSシステムが、1978年に航空貨物通関情報処理システム（Air-NACCS）の運用を開始、1991年に海上貨物通関情報処理システム（Sea-NACCS）の運用を開始するなど、この時代から情報システムを利用して複雑な業務を管理しようという取り組みが始まったといえる。製品の高度化、および品種の多様化によって複雑さを増した物流業務の管理を、情報システムを利用して効率化、高精度化しようという動きが出てきたのが、まさにこの時代である。

● 情報システムの利活用

　1995年のインターネット商業化から始まったいわゆるIT革命（インターネットの急速な普及により、企業や消費者が世界中の情報を容易に、かつ低コストで入手できるようになったことで、経済や社会に大きな変化が生じたこと）が起きる。これによって、企業での情報システム利活用が拡大し、倉庫業務管理にWMSを、輸配送業務管理にTMSを使用する企業が増えていった。WMS、TMSの導入により、企業は複雑な業務を効率的に管理できること以外にも様々なメリットを享受した。

　第一に、業務実施にかかるコストの低減である。情報システムを導入する際は一般的に、現状業務の見直しを行い、無駄な工程を排除する。無駄な工程を残すと、情報システム化された新たな業務が非効率になるばかりか、非効率な工程をシステム化することにコストをかけることになるからだ。情報システムを導入することは、同時に業務を効率化することだともいえた。

　現状業務の見直しを行う際には、無駄な工程を排除することの他にも、似たような業務はやり方を共通化するなどして、業務のパターン数をできるだけ減らすことも必要になる。例えば、ある品物Aの入荷検

品業務について、拠点"甲"で実施している入荷検品業務と拠点"乙"で実施している入荷検品業務が異なる場合、拠点"甲"、拠点"乙"の業務をそれぞれシステム化する必要がある。同じ品物Aの入荷検品作業であれば、1つの業務に統一すべきだ。これまで述べた通り、WMSやTMSといった情報システムを導入する過程で、工程、業務の無駄が排除され、結果として業務実施にかかるコストは低減された。

　次に、人材活用の拡大だ。工程の無駄を排して効率的な業務を設計し、同じような業務を統一化して業務パターン数を減らすことで、作業者が業務を行う時の流れやルールがわかりやすく整理される。これにより、誰が作業しても一定の結果、品質を担保できるようになり、人材活用の幅が広がる。

　最後に、業務のデータ化によるさらなる業務の効率化だ。情報システムの導入により、業務上の様々な情報はデータとして蓄積される。そのデータを業務の現状把握、将来予測、あるいは業務改善に活かすこと

システム導入はオペレーションを有効にするだけでなく、以下3点のメリットを享受することができる。そのためにも、積極的な改善活動を行うことが重要。

得られる効果

①業務の標準化	②業務の効率化	③業務の可視化
✓システム化を見据えた業務の整理 ✓属人的、無駄な特殊業務の排除による業務の標準化	✓業務のシステム補助による作業工数の短縮 ✓作業工数が短縮することによる業務効率化	✓業務予実データをシステムで取得ができ、業務の現状把握や過去の実績を容易に取得 ✓データを客観的・論理的に分析でき、効率的な業務管理を実現

図表1-1　筆者の考えるシステム導入で得られる効果

で、さらなる業務のレベルアップを図ることができる。このように、情報システム導入によって得られる効果は大きい。

● ECの発展と物流機能の強化

　物流領域における情報システムの利活用は、新たな市場開拓、および消費者への新たなサービス提供にも寄与している。1997年に楽天市場が、2000年にAmazonがサービス提供を開始するなど、EC（Electronic Commerce）というインターネットを用いてモノやサービスの取引を行う仕組みが新たに登場し、商品やサービスの購入をインターネット上で行えるようになった。購入された商品の配送に関しては、2009年にはAmazonが当日配送サービスを開始し、楽天市場は翌日に商品が届くサービス「あす楽」を開始するなど、消費者にとって利便性の高いサービスが展開された。これらのサービスはITによるEC発展だけで実現することは難しい。注文から短納期での配送を実現したのは、ITや情報システムを利用した物流現場内の工数削減、それに伴うリードタイム短縮といった物流機能の強化にほかならない。物流の改善、進化がもたらしたこれらサービスが、「何でもすぐに届く」という考え方を社会全体へ浸透させたのは間違いないだろう。

　物流領域におけるITと情報システムの活用は、インターネット上で見た商品を店舗で購入するパターンと店舗で見た「気になる」商品をインターネットで購入するパターンの双方を可能とするオムニチャネル（実店舗での販売とECなどのインターネット販売の境界を取り去り、顧客に商品購入の経路を意識させないようにする取り組み）も実現した。オムニチャネルは、2011年に米国の大手百貨店「Macy's（メイシーズ）」が始めたサービスである。日本では良品計画やエービーシー・マートなどが行っている。オムニチャネルは、店舗や倉庫内にある最新の在庫状況をインターネット上でリアルタイムに表示する必要があり、ITおよび情報システムを活用してこそのサービス形態である。

ECやオムニチャネルの登場は、物流が社会インフラとして重要な役割を果たしていること、私たちの生活に欠かせない重要なサービスとして変貌していることの証左といえる。

● 現在の物流に関わる課題

　前述の通り、物流における課題は時代とともに変化し、その課題への解決策を講じることで物流は発展を遂げてきた。では、現在の物流業界にはどのような課題が存在するだろうか。

　「●ECの発展と物流機能の強化」でも触れた通り、現在の物流はECやオムニチャネルなど消費者にとって利便性の高いサービスを支える上で重要であり、社会インフラとして欠かせない存在となっているが、それが今、その物流サービスを提供する体制の維持が難しくなっているのだ。その理由の一つが、2017年頃から目立ってきた流通する貨物量と運び手であるドライバー数とのバランスの崩壊だ。積み荷が届け先に届かなくなる現象が起きているのだ。

　また、物流が地球温暖化に与える影響も深刻だ。物流は、自動車や鉄道、船舶など様々な輸送手段で実現されている。「高度経済成長下のインフラ整備」でも語った通り、物流網が発展することで製造業は調達が容易になり生産量を増大させ、物流量はさらに増加していった。しかし、それらが要因となり、トラックや船舶から出る二酸化炭素の排出量が増加、これは地球温暖化の要因となり、それによるゲリラ豪雨などの異常気象が頻発するなど、日本国内にも深刻な影響を与えている。

　日本の物流を脅かす要因としては、地震などの自然災害も忘れてはならない。東日本大震災発生時、道路、鉄道などの交通インフラや、発電所や送電線などの電力供給インフラ、燃料の供給インフラなど、物流事業を継続するのに必要な各種インフラに多大な影響が生じたのは記憶に新しい。地震による自然災害の他、近年最も深刻な出来事はやはり新型コロナウイルス感染症の蔓延であろう。東日本大震災の後、日本の企業

はいかなる事態でも物流が停止することがないよう、様々な対策を講じてきた。しかし、新型コロナウイルス感染症の前に、その対策は無意味であった。世界中の都市では次々にロックダウン（都市や地域で外出や行動が制限される措置）が起こり、そのロックダウンの影響から物流停滞を引き起こすこととなった。

　はたして、これらの物流課題に対し、どんな解決アプローチが考えられるだろうか。インフラや関連法制の整備といった政策によって、国がリードして解決していくべきなのか、もしくはITやDX（Digital Transformation　進化したIT技術を使った業務の変革）などによって、企業が努力して解決していくべきなのか。結論から言うと、今回の課題は、国の努力や企業の努力だけでは解決することは難しいだろう。その解決方法を検討するためにも、まずは現在の個々の課題について、さらに詳しく見てみよう。

● **宅配クライシス**

　2017年頃から物流業界で問題視され始めた「宅配クライシス」。宅配クライシスとは、工場出荷貨物や宅配貨物など流通する貨物量（需要）とそれを運ぶドライバー数（供給）のバランスが崩れ、運ばなければならない貨物量に対しドライバー数が不足し積荷が届け先へ届けられない事象を指している。その主な原因は、Amazonや楽天市場が始めた個人向けのインターネット通販の発展による個口数の増加だ。つまり配送先が個人（宅）へと細分化されたことで、運ぶ荷物の数（個口）が急激に増え、ドライバーが運ぶことのできる荷物の数を超えてしまったことにあると考える。

　国勢調査によると、1995年に98万人だったドライバー数は、2015年には76万7,000人と20年で21万3,000人も減少している。また厚生労働省のデータによると、1995年から2018年にかけてのトラックドライバーの有効求人倍率は3.03倍となっていることからも、中長期的にドラ

イバーが減少傾向であることは明らかである。生産年齢人口が減り、さらには有効求人倍率も上がっている傾向から、今後もドライバーの負荷（1人当たりが運ばなければならない荷物の個数）は上がる一方だと予測できる。

その上、近年ドライバーの労働環境は、低賃金や長時間労働、力仕事の増加など悪化の一途をたどっており、就業の場として選ばれにくい。厚生労働省が出している「令和2年賃金構造基本統計調査の概況」によれば、男性の一般労働者の賃金平均307,700円に対し、運輸業や郵便業の賃金平均は285,300円である。また女性の一般労働者の賃金平均251,800円に対し、運輸業や郵便業の賃金平均は223,300円と、男女ともに低い値であることがわかる。労働時間に関しても、厚生労働省が調査した「産業別月間実労働時間数」によると、2016年から2022年の労働時間は、運輸業と郵便業が他の産業と比べて最も長いという結果が出ている。加えてドライバーには、商品や貨物の輸送に使用するコンテナへ積み込むバンニング作業や、コンテナから商品や貨物を取り出すデバンニング作業といった力仕事も求められている。

生産年齢人口の減少から、物流業界だけでなく他の業界でも同様に人手不足の問題が起こっており、労働者確保のために賃上げの実施や労働環境の見直しを実施する企業が多くなるだろう。こうした中、力仕事が多く、労働時間も長く、賃金も低い物流業界を労働者が敬遠する可能性は高く、このまま手を打たなければドライバー数はさらに不足していくと考えられる。ドライバー不足は、輸送力の低下と直結しており、日本全体における物流の停滞を引き起こす可能性があるといえる。宅配クライシスの課題や影響について、企業は早急に備える必要がある。

● 物流の2024年問題

物流業界の2024年問題とは、働き方改革関連法（働き方改革を推進するための関係法律の整備に関する法律）によって、2024年4月から

「自動車運転の業務」に対して、時間外労働時間年間960時間の上限規制が適用され、それに伴い発生する諸問題のことを指している。法改正は、中小企業に対する猶予期間を設けながら、2019年4月から段階的に施行されてきたもので、主に時間外労働時間の上限規制や、同一労働同一賃金の施行、そして月60時間を超える部分の時間外労働の割増賃金引上げが国のルールとして施行される予定である。これにより、幾つかの問題が発生すると言われている。

まず物流企業の売上減少である。時間外労働時間の制限に伴い、ドライバーの稼働時間が制限されることで、ドライバーが処理できる業務量は減少していくと言われている。「宅配クライシス」のパートでも述べている通り、運輸業の労働時間はどの産業よりも長時間労働であるとのデータが出ている。ルールの施行により、物流企業一社で対応できる業務量の減少は免れず、それに伴う売上の減少も容易に想像がつく。

次にドライバーの収入減少である。ドライバーの稼働時間に制限が設けられることにより、ドライバーの労働時間が現在より減少することに伴い、収入や手当も同時に減少する可能性も高い。もちろん、ドライバーの賃金ベースを上げるという選択肢を取れば、この影響は回避されるが、すべての企業が雇用しているドライバー全員に対して賃金上昇の対応を取れるとは考えにくい。

そして荷主が支払う運賃の上昇である。物流企業の売上減少やドライバーの収入減少を回避するために、物流企業は運賃の値上げを行い、その分は荷主に転嫁される。荷主側も、この運賃の上昇に伴い商品の販売価格を上げる可能性がある。つまり、物流2024年問題は、この本を読んでいるすべての読者、消費者にとって重大な影響を及ぼす可能性がある課題なのである。

実際に筆者も、次の3点について相談を受けることが多い。

第一に、荷主企業が現在の業務をそのまま続けた場合、ドライバーの拘束時間が長くなり、物流事業者から敬遠される可能性があることだ。

物流事業者から敬遠された場合、商品を配送する術がなくなってしまうため、別の物流事業者を改めて探す必要があるなど、難しい対応を迫られる。

第二に、時間外労働の割増賃金引上げが必要であることだ。今までと同様の残業時間がドライバーに発生する場合、物流事業者は今までより多くの賃金、手当を支払う必要が出てくる。

第三に、労働時間に上限を設けられることで長距離ドライバーの移動距離が制限されてしまうことだ。拘束時間の制約から、今まで配送できていた場所へ荷物が配送できなくなるなど、今までの物流体制では「商品を運ぶ」という基本的なサービスの維持すら難しくなる。繰り返しとなるが、物流2024年問題は、荷主企業、物流企業、そして消費者すべてが直面している問題なのだ。

● 大震災での物流ストップ

日本は、多くの活火山を有し、大小の地震が頻発する世界有数の地震大国である。阪神淡路大震災や東日本大震災は、大都市を中心に広範な被害をもたらしており、これら災害の度に物流インフラを含めたライフラインが断絶するなど、危機対応の脆弱さが指摘されている。

国土交通省では図表1-2の通り、迫りくる大規模地震として幾つかを挙げている。例えば、南海トラフ地震と首都直下地震、日本海溝・千島海溝周辺海溝型地震である。南海トラフ地震は、30年以内に70%～80%の確率でマグニチュード8～9クラスの大規模地震が起き、西日本全域に及ぶ超広域震災が予測されている。また首都直下地震も、30年以内に70%の確率でマグニチュード7クラスの地震が発生すると予測されており、日本国の中枢機関が一気に麻痺してしまう災害と予測されている。日本海溝・千島海溝周辺海溝型地震は、30年以内に50%の確率で根室沖にて発生すると言われている地震で、20mを超える大きな津波を発生させる地震と予測されている。日本ではこのような巨大災害や

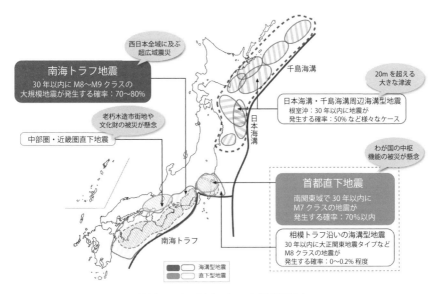

図表1-2　迫りくる大規模地震

出典：日本の地震 これまでとこれから　国土交通省
URL：https://www.mlit.go.jp/river/earthquake/future/index.html

首都直下型地震だけでなく、マグニチュード7クラスの地震は過去に何度も発生している。企業は起こり得る地震災害にしっかりと備える必要があるのだ。

　極力在庫を持たない、1拠点で広域の流通をカバーするといった企業による効率化の追求は、地震のような非常事態への脆弱性を高める結果にもつながる。企業には、コスト面でのデメリットは認識しつつも、災害に備え、いかに復旧を早くするのか、という対応がこれまで以上に求められている。復旧スピードを上げるための方策として、様々な災害に対処できるよう物流BCP（事業継続計画）を策定している企業は多い。

● 新型コロナウイルス感染症がもたらした課題
　災害だけではなく、新型コロナウイルスなど感染症の拡大で発生する

規制への対応も重要である。新型コロナウイルス感染症のまん延防止、あるいは他国からウイルスの流入を防ぐために、世界各国でロックダウンなどの措置が講じられたのは記憶に新しい。「現在の物流に関わる課題」でも述べた通り、新型コロナウイルス感染症の拡大は、世界中の物流をいとも簡単に停滞させた。日本では、東日本大震災を教訓に物流BCPを策定していた多くの企業も、何ら効果的な対応を行うことができなかった。

　新型コロナウイルス感染症の影響は、国際貿易にも大きな影響を与えている。例えば、コンテナ不足である。コンテナの主要生産国である中国のコンテナ生産量が、米中貿易摩擦問題に伴う荷動き低迷の懸念から2019年度に前年比40％減まで落ち込んでいたところに、新型コロナウイルス感染症の拡大が拍車をかけた。また、米国では、新型コロナウイルス感染症の影響による巣ごもり需要の増加に伴い、家具や家電などの輸入が増加し、大量のコンテナが輸入品とともに集まった。だが、都市のロックダウンによる移動制限に伴い港湾での労働者が不足したため、輸入貨物を運ぶ船が続々と米国に到着する中、港湾作業者減少によるコンテナ処理能力の低下から、着岸できない多くの船が沖待ち状態となった。さらに、ようやく貨物を下した後の空コンテナも大量に米国に停滞する結果となり、空コンテナが世界中で慢性的に不足するという事態が発生した。コンテナ不足による船便スポット運賃高騰もあり、日本海事協会によると、コンテナ運賃はコロナ前と比べ3－5倍も高騰したという（**図表1-3**）。

　物流業界は、倉庫であれば屋内に人員を集めて入出荷作業、保管作業を行う必要があり、輸配送であれば対面で貨物の受渡しが必要であるなど、接触により感染が拡大する性質を持つ新型コロナウイルス感染症への対策が難しい。

　一方で、物流業界にとってはありがたい変化もあった。新型コロナウイルス感染症による巣ごもり需要拡大に起因するEC利用増加がありつ

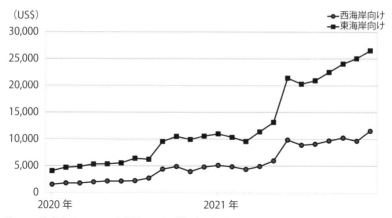

注 1.　西海岸向けのコンテナ積地は日本（横浜）、揚地は米国（ロサンゼルス）
注 2.　東海岸向けのコンテナ積地は日本（横浜）、揚地は米国（ニューヨーク）

図表 1-3　北米向けコンテナ（40ft）運賃推移

出典：公益財団法人 日本海事センター（Ⅰ.主要航路コンテナ運賃動向 – 2020 年〜 2022 年）を加
　　　工して作成
URL：https：//www.jpmac.or.jp/file/1646017478395.pdf

つも、人と人との物理的接触をできるだけ回避する動きは、宅配便の置
き配が広まるきっかけともなった。日本は宅配貨物に対する品質要求が
高く、置き配はなかなか浸透しないと言われていた。しかし、コロナ禍
が追い風となることで消費者に受け入れられ、これまで宅配業界の課題
であった再配達の減少に貢献し、物流業界の人員不足の解消にも役立っ
た。変えることが難しいと思われている商習慣であっても、コロナ禍の
ような状況であれば変えることができるという好例だと言える。置き配
の浸透のように、新型コロナウイルス感染症拡大という難しい状況を
チャンスと捉え、今まで挑戦しなかった新しいことへ挑戦し、課題の解
決を進めるべきだ。

● 世界的な環境問題
　物流の発展に伴う二酸化炭素などの温室効果ガス排出量増加は、地球

環境に深刻な影響を与え、温暖化や異常気象、干ばつ、森林火災などをもたらしている。IPCC（国連の気候変動に関する政府間パネル）は「人間の影響が大気、海洋および陸域を温暖化させてきたことには疑う余地がない」と断言している。1997年に京都で開催されたCOP3（国連気候変動枠組み条約第3回締約国会議）では、世界で初めて温室効果ガス削減に関する取り組みを約束した「京都議定書」が取り決められた。また2015年に合意された「パリ協定」により、すべての国が共通のルールにもとづいて温室効果ガスの排出量削減目標を定め、温暖化対策に向けた取り組みは現在進行形でグローバルに議論されているテーマである。

　欧州連合（EU）では、温室効果ガスの大幅削減に向けた包括案の中で、ハイブリッド車を含むガソリン車など内燃機関車の新車販売を2035年に終了する方針を打ち出した。2035年以降に新たに購入できる自動車はすべて電気自動車や水素自動車などの低公害車となる。

　日本政府はどのような対応を取っているのか。2020年10月、第99代菅内閣総理大臣は、国会の所信表明演説で「2050年までに温室効果ガスを実質ゼロにする」と宣言している。これが2050年カーボンニュートラル宣言である。カーボンニュートラルとは、温室効果ガスの排出量と吸収量を均衡させることによって、温室効果ガスの排出が全体としてゼロになった状態を指す。上記定義に基づくと、2050年カーボンニュートラル宣言とは、国全体で2050年までに温室効果ガスの排出を実質ゼロにするという目標である。また2021年4月に国が2050年までの地域脱炭素ロードマップ（**図表1-4**）を示すグリーン成長戦略を発表した。2021年11月には、第100代岸田内閣総理大臣が気候変動対策の国連の会議COP26の首脳会合で演説し、2030年度の温室効果ガスの排出量を46％削減（2013年度比）するなどとした日本のグリーン成長戦略を再度説明した上で、5年間で最大100億ドルの途上国への追加支援を表明し、「経済成長のエンジンであるアジア全体のゼロエミッション化を推進していく」と宣言した。これらのことから、日本政府として環境問題

図表1-4　環境省が示す、地域脱炭素ロードマップ（案）

出典：地域脱炭素ロードマップ（案）【概要】内閣官房
URL：https://www.cas.go.jp/jp/seisaku/datsutanso/dai3/siryou1-2.pdf

　に力を入れていることがわかる。現時点では示された方針に反してもペ
ナルティがあるわけではないが、過去には東京都が単独で非常に厳しい
ディーゼル車の排ガス規制を行ったように、近い将来、国や地方自治体
が運輸部門に対する強い規制を打ち出してくる可能性は十分に考えられ
る。
　また、環境意識の高まりは、消費者の意識も大きく変えている。近年
の消費者は二酸化炭素排出量を増やす行為をネガティブに捉えており、
二酸化炭素排出量の多い企業は、企業イメージの低下から、消費者の不
買運動、投資家からの投資抑制、人材の採用難などに直面する可能性も
ある。

● 現在の物流課題への解決策としての「日本型サステナブル・ロジスティクス」

　以上が今の日本の物流業界の課題である。前述の通り、日本の高度経済成長期においては、物流は国主導の取り組みによって発展し、高度経済成長後の安定成長期には、製造業の多品種製造販売を支える物流の仕組みを各社が構築してきた。ECやオムニチャネルが発展した現代においても企業の継続的な努力は行われているが、企業で取り組める課題解決の範囲には限界が見えてきている。そこで近年、急速に高まってきている動きが、国が方向性を示し、それを実現させるために会社間によるコンソーシアム（共同事業体）や業界全体として取り組みを行う動きである。例えば、国土交通省が発表した総合物流施策大綱（2021年度〜2025年度）では、標準化への取り組みの加速や物流・商流データ基盤の構築を積極的に推奨しており、国土交通省からも積極的な物流の効率化・最適化が示されている。それらの方向性を基に、企業は業界グループでの取り組み、あるいは業界をまたいだ取り組みによって、国から出されている指標をクリアしようと活動している。また、国が地域脱炭素ロードマップなどの方向性を示す中、業界に属する複数の企業が競合という垣根を超え共同でモーダルシフトを行うなどの取り組みを行っている。国が方向性を出し、企業が業界レベル、あるいは業界をまたいでその方向性に沿った取り組みをすることで、1つ1つの課題に対応していることが現在のトレンドといえる。

　物流業界はこれまで以上に、どのように物流を持続していくのか、さらには重要なインフラとして社会を持続させるための責任をどのように果たしていくのか、社会から強く問われている。

　では、どのような解決策が考えられるのか。その答えが、筆者が提唱する「日本型サステナブル・ロジスティクス」だ。その「日本型サステナブル・ロジスティクス」とは一体何か、第2章から説明していきたい。

第 2 章

日本型サステナブル・ロジスティクスとは

　企業にとっての「日本型サステナブル・ロジスティクス」には、物流・ロジスティクスの諸機能を維持することと、持続可能な社会の実現に貢献することという2つの目標がある。この2つの目標の実現に向けて各企業は何に取り組むべきかを考えてみよう。

1 日本型サステナブル・ロジスティクスの定義

● **日本型サステナブル・ロジスティクスの定義**

　第1章で述べたように、日本の物流は宅配クライシスや物流2024年問題などの様々な課題を抱えており、このままでは人々の生活に必要な物流網を維持できなくなる可能性がある。単に売上を拡大したり業務効率を改善したりするだけではなく、より広い視野で日本の物流を守るために動き出さなければ、日本社会を支えるために必要とされる物流機能を提供し続けることはできない。今後は、物流関係者全体が協力してこれらの課題の解決に取り組む必要がある。

　近年、「持続可能性（サステナビリティ）」という概念が注目を集めている。目先の利益や効率だけを追い求めるのではなく、将来にわたって環境や社会を守ることも考えながら行動しようという考え方である。持続可能性は本来、社会全体を対象とする概念だが、今の日本の物流に求められている変化も、この持続可能性の考え方に近いものがあるのではないだろうか。

　そこで筆者は、様々な課題を抱える日本の物流が将来目指すべき持続可能なあり方、その実現のための取り組みを総称して「日本型サステナブル・ロジスティクス」と呼ぶことにした。まずはこの言葉の持つ意味を単語ごとに説明しよう。

日本型：

　この「日本型」とは、より日本の物流について掘り下げることで、日本物流の発展に寄与したいとの思いから、日本国内の物流に関する活動を対象に、日本の物流関係者ができる取り組みについて扱っていることを示している。すなわち、輸出入などの国際物流や日本以外の国の国内

物流は対象外となる。

　本来の持続可能性の概念は世界規模のものだが、現在日本の物流が直面している課題のうち、宅配クライシスや物流2024年問題などは日本特有のものである。そのためあえて対象地域を日本に絞ることにした。

サステナブル：

　「サステナブル」はもともと「維持できる」「持ちこたえられる」という意味のある英単語だが、近年は「持続可能な」と訳されることが多い。現在一般的に使われている「サステナブル」「持続可能」という言葉は、元々は環境問題に関する国際的な議論のなかで使われるようになった概念で、「将来の世代のニーズを満たしつつ、現在の世代のニーズも満足させる開発」と定義されている「持続可能な開発」という言葉に由来する。限りある地球の資源を使い尽くすのではなく、将来の世代も豊かな生活を送れるようにすることを意味しており、環境問題だけでなく貧困問題や健康問題などの社会的な問題も含めて人類が抱える問題を包括的に解決することを目指す。

　筆者が提唱する「日本型サステナブル・ロジスティクス」における「サステナブル」には、物流活動自体を持続可能にする・維持できるようにするという意味と、上記の国際的な議論を踏まえて持続可能な社会の実現に貢献するような物流・ロジスティクスという意味の両方が含まれる。人々の生活を支える物流の活動を安定的に維持するのはもちろんだが、それだけでなく世の中全体を見据えた広い視野で考えても持続可能になるような物流・ロジスティクスを目指そうというメッセージを込めている。

ロジスティクス：

　「ロジスティクス」はマネジメント概念・技法を指す用語で、元々は戦地に武器・食料を補給する「兵站」に由来する。「物流」がモノを運

ぶ活動それ自体を指すのに対し、「ロジスティクス」は物流に関わる経営活動を含めて全体的に管理しようとする考え方である。入出荷量・在庫量の調整といったサプライチェーンを最適化する活動に加え、環境問題などの社会課題への対応もロジスティクスの中に含まれる。一言で言えば、「物流に関する活動を一元的に管理すること」がロジスティクスである。

「日本型サステナブル・ロジスティクス」は基本的に物流を対象としているが、単にモノを運ぶ活動だけでなく、物流を管理する企業活動全般について取り扱っている。持続可能な物流を実現するためには、関係する企業活動について包括的に取り組むことが必要不可欠だからだ。そこで筆者は、包括的な取り組みの必要性を示すため、あえて物流ではなくロジスティクスをタイトルに掲げることにした。

これまでの内容をまとめると、「**日本国内の企業や物流に関係する人々が**」「**将来の世代のニーズを満たしつつ、現在の世代のニーズも満たせるように**」「**物流に関連する活動を包括的に管理すること**」というのが「日本型サステナブル・ロジスティクス」の定義となる。

● **企業にとっての日本型サステナブル・ロジスティクス**

前述したように、日本型サステナブル・ロジスティクスの「サステナブル」には、「物流・ロジスティクスそれ自体を持続可能にすること」

日本型 － サステナブル － ロジスティクス		
日本国内の物流に携わる人々が	現在の世代のニーズを満たしつつ、将来の世代のニーズも満たせるように	物流に関連する活動を包括的に管理すること

図表2-1　日本型サステナブル・ロジスティクスの定義

と「国際社会の共通認識としての持続可能性の概念に沿った物流・ロジスティクスを実現すること」という2つの意味がある。ここまでは日本型サステナブル・ロジスティクスの持つ語義的な意味について説明してきたが、本書を手にしてくださった読者の方は主に民間企業（荷主・物流事業者）で物流に携わっている方が多いのではないだろうか。そこで、この2つの意味を企業の目線で解釈することで、日本型サステナブル・ロジスティクスの持つ意味をさらに深掘りしたい。

　まず「物流・ロジスティクスそれ自体を持続可能にすること」については、「自社が持つ物流の諸機能あるいは委託先の物流事業者における物流の諸機能を維持すること」だと言い換えられる。短くまとめれば、「物流機能の維持」となるだろう。ここでいう維持には、事業に必要な物流活動を将来にわたって安定的に継続するという意味があり、物流の諸機能には輸配送や保管などが含まれる。各企業が物流機能の維持に取り組むことで結果的に日本社会全体の物流網も安定するようになる。なお、この取り組みは、複数の企業が連携して実施する場合もある。

　一方「国際社会の共通認識としての持続可能性の概念に沿った物流・ロジスティクスを実現すること」は、そのまま自社の物流活動における「持続可能な社会の実現への貢献」という形で言い換えられる。持続可能性に関してはSDGs（持続可能な開発目標）などの国際的な目標が設定されているため、企業がゼロから独自に取り組み内容を考えるというよりも、これらの目標を参考にしながら自社に合った取り組み方を検討することが求められる。

　本章の「2」「3」では、「物流機能の維持」「持続可能な社会の実現への貢献」のそれぞれについて詳しく説明し、どのような方向での取り組みが求められるのかを考える。その内容を踏まえて、日本型サステナブル・ロジスティクスの実現のために企業が取り組むべきアプローチの方向性について「4」で説明する。さらに実践的な企業目線の取り組み内容については次章以降で取り上げる。

2 物流機能の維持

　日本型サステナブル・ロジスティクスに取り組む上で企業が最も関心を持つ目標は、モノを運ぶ・保管するといった物流の機能を維持することだろう。物流は、生産、販売といったサプライチェーンの各プロセスをつなぐ重要な役割を担っており、企業の活動において必要不可欠なものである。物流が停止したりキャパシティオーバーになったりして思うようにモノを運べない状態に陥ることは、できるだけ防がなければならない。

　サプライチェーンのプロセスは、企業が利益を得るまでのプロセスでもある。モノを売ることを生業としている企業は、このサプライチェーンがどこかで途切れると後続のプロセスにつながらないため、最終的に商品を販売することができない。すなわち、利益が出ないという状態に陥ってしまう。実体のあるモノではなくサービスを売る企業であっても、何らかの形でモノを購入して自社の事業活動に利用している場合がほとんどであり、物流が原因で事業活動に支障をきたす可能性は大いにある。

　では、「物流機能を維持できない」とはどういう状態に陥っているのか。具体的には**図表2-2**で示した2通りの状況が考えられる。実際のサプライチェーンはこれよりもずっと複雑だが、説明のためのイメージとしてご覧いただきたい。

　この図の一番上、「正常な状態」では、サプライチェーンの各プロセスが滞りなく流れている。この正常な状態で運ばれている物量を100個としよう。ここから特定のプロセスにおいて扱える荷量のキャパシティが不足すると、2段目の「キャパシティが不足している状態」になる。物流センターで扱える物量の上限（50個）が望ましい量（100個）に達

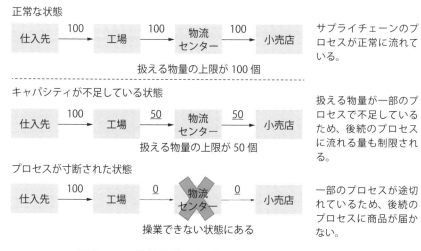

図表2-2　物流機能を維持できない状態のパターン

していないため、後続のプロセス、すなわち小売店に向けて販売する物量も50個に限定されてしまうという状態である。物流のキャパシティがボトルネックとなり、事業活動の規模が制限されているということになる。

　一方、3段目に示したのは、物流が原因でサプライチェーンのプロセスの一部が途切れてしまうという状態だ。ここでは何らかの不測の事態によって物流センターが機能を停止したため、小売店に商品を出荷できなくなっている。商品を販売できないということは、企業にとっての売上の源が無くなり、利益を得られなくなるということである。実際のサプライチェーンでは複数の経路があることがほとんどなので、直ちに商品を販売できなくなるとは限らないが、事業活動にとって大きな痛手になることは間違いない。

　ここからはそれぞれの状態を防ぐ方策について述べる。

● 物流のキャパシティ不足の解決

　図の2段目に示したキャパシティ不足の問題は、第1章で述べた物流クライシスと深く関連している。現在の日本の物流は慢性的な人手不足の状態にあるからだ。物流のキャパシティを決める上では車両や倉庫といったハード面の問題、道路など公共インフラの問題も関係するが、近年の日本に限って言えば人材不足という問題が輸配送能力における大きなボトルネックになっている。

　では、このような状態で物流のキャパシティを拡大させるためには、具体的には何をすればよいのだろうか。この問題に対する解決策の考え方を**図表2-3**に示した。

　物流のキャパシティ不足は、「扱わなければならない物量よりも扱える物量（キャパシティ）が少ない」ということだと言い換えられる。この状況を解決するためには、扱える荷物のキャパシティを増やすか、扱わなければならない荷物の物量を減らすことになる。このうち扱えるキャパシティを拡大する場合、現在ボトルネックとなっているのは人手不足である。このことを踏まえると、扱えるキャパシティを拡大するた

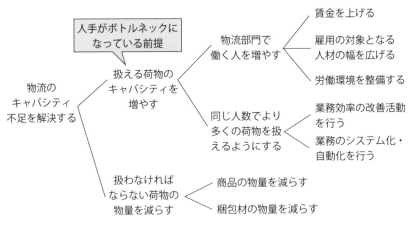

図表2-3　物流のキャパシティ不足を解決する方法

32

めには、働く人の数を増やすことと、同じ人数でより多くの荷物を扱えるようにすることという2通りの方針が考えられる。

　働く人を増やすためには、物流部門の仕事が他の分野の仕事よりも魅力的に見えるようにしなければならない。そのためには、物流コストの上昇にはつながるものの、賃金を上げて人材獲得における競争力を上げれば人を集めやすくなる。他にも、女性・高齢者が働きやすい業務内容にすることで雇用の対象となる人材の幅を広げる（採用対象としてアプローチできる人数を増やす）などの方法が考えられる。物流拠点にカフェテリアなどの設備を設けることで働く人が快適に過ごせるようにするなど、労働環境を整備するための試みもいくつかの企業で行われている。

　同じ人数でより多くの荷物を扱えるようにすることに関しては、日ごろの改善活動でも多くの企業が取り組まれていることだろう。近年は、WMSやTMSなどのシステムによって業務の効率化を図ることも当たり前になっている。さらに先進的な企業では、人の代わりにロボットを導入したり自動倉庫を設置したりすることで人手不足を解決しようという試みも行われている。業務の効率化・自動化を通じて業務の絶対量を減らすことは、働く人一人当たりの負担が減るという副次的な効果もある。

　「扱わなければならない荷物の物量を減らす」ための方法としては、商品の物量を減らすことや、梱包方法を変えることが挙げられる。近年は技術の進歩によって一部の商品を実物ではなくデータで販売できるようになっているが、これは荷物の物量を減らす方法の一つだと言えるだろう。例えば本であれば、紙の本の代わりに電子書籍を販売することで、荷物を運ぶことなく商品を消費者に届けることができる。近年は3Dプリンターの技術も進化しているが、3Dプリンターによって工場以外の場所で商品を生産できるような社会が実現すれば、消費者の近くで商品を作ることにより荷物の物量を一層減らすことができるだろう。

商品の物量が売り上げと直結している企業では、商品の物量を減らすよりも梱包材の物量を減らす方が現実的だ。梱包方法の見直しを行うことで、販売する商品自体の物量を減らさずに保管・運搬の効率を上げることができる。使う梱包材の量を減らすことは資源の無駄遣いの防止やごみの排出量の削減につながるため、環境問題の解決にも寄与する。

● サプライチェーンのプロセスの寸断防止

　続いて、図の3段目に示したサプライチェーンのプロセスの一部が途切れるという状況について考えよう。物流拠点（工場の倉庫なども含む）が操業できなくなる状況、特定の地域で輸配送が行えなくなる状況などが考えられる。このような状況を招く原因としては、以下のような不測の事態が発生したケースが考えられる。

- ▶ 感染症
- ▶ 地震
- ▶ 火事
- ▶ 異常気象（台風、豪雪など）
- ▶ 火山噴火
- ▶ 労働災害
- ▶ システム障害
- ▶ 犯罪、テロ
- ▶ 戦争、政情不安

　これらの事態によって物流網が被害を受けてサプライチェーンが途切れることを避けるためには、そもそもこれらの事態が発生することを防止するか、発生した後に被害を最小限に抑える必要がある。火事やシステム障害、労働災害については人間のミスや不注意が原因で発生する可能性が高いため、自社の努力である程度防ぐことができるだろう。異常

気象は地球温暖化の進行がその一因になっていると言われており、直接的に防ぐことは難しいものの、温室効果ガス排出量の削減が予防の一助になるかもしれない。

　とはいえ、不測の事態の発生を完全に防ぐことは難しい。地震や火山噴火など、人間には防ぎようのない天災もある。そのため、いかに被害を最小限に抑える対策を事前に立てておくかが重要となる。

　このような緊急事態に対して事前の対策や起こった際の対応を取り決めた計画のことを、BCP（事業継続計画）という。事前にBCPを定め、その上で必要な対策を取っておくことは、不測の事態に被害を最小限に抑える上で非常に重要である。特定の倉庫・物流センターが機能を停止せざるを得なくなったりしたとしても、他の輸配送ルートや物流拠点でカバーすれば影響を最小限に抑えられることもある。

3　持続可能な社会の実現への貢献

　企業にとって日本型サステナブル・ロジスティクスが持つ2番目の意味は、物流を通じて持続可能な社会の実現に貢献することだ。この「持続可能な社会の実現に貢献する」には、物流に関する活動を通じて社会や環境をより良くするという側面と、物流が社会や環境に与える悪影響を抑えるという側面の両方が含まれる。

　昨今、世界中で持続可能な社会の実現を求める声が高まっており、政策にも取り入れられていることを考えると、持続可能性を考慮しないまま現状と同じ物流やロジスティクスのあり方を保つことは難しいだろう。そこでここでは、持続可能な社会の実現のために企業が物流を通じてすべきこと・できることについて紹介する。

● 持続可能性とは何か

　持続可能性や、それを英語にしたサステナビリティについては昨今様々な場所で耳にする。だが、正確な意味についてはよく知らないという方は意外と多いのではないだろうか。そこでまずは、そもそも持続可能性とはどのような概念なのか、簡単に説明する。

　持続可能性という概念は、1980年代後半から環境問題に関する国際的な議論の中で用いられるようになった概念である。1987年に国連の「環境と開発に関する世界委員会」が公表した「Our common future（我ら共有の未来）」というレポートにおいて最初に国際的に認知された。その後環境問題が深刻化する中で1992年の地球サミット（国連環境開発会議）をきっかけに、世界に広く知られるようになる。

　持続可能性の概念が生み出された背景には、地球温暖化や生物多様性の喪失といった環境問題が深刻化するなかで、従来のような開発を続け

ていてはいつか限界を迎えてしまうという問題意識があった。経済発展
や開発は重要だが、自然環境や資源の利用には限界がある。そこで、環
境と開発のどちらかを取るのではなく、人々の生活に求められるニーズ
を満たしながら環境についても配慮することを目指そうとする持続可能
性という考え方が生み出されたのだ。ちなみに、「持続可能な開発」は
上記のように環境保全と両立できるような開発のあり方を指し、持続可
能な開発が行われている社会のことを「持続可能な社会」と呼ぶ。

　2022年現在において持続可能な社会を達成するための国際的な共通
目標とされているのが、SDGs（持続可能な開発目標）である。SDGsは
2015年に採択され、2030年を目標年度とする。途上国などに限定しな
いすべての人のための目標として「誰一人取り残さない」ことを掲げ、
不利な立場にある人々を救うことを重視しているという特徴がある。持
続可能性は国際社会が目指すべき方向を示した概念だが、その実現のた
めに2015年-2030年に実行するべき内容を具体的に定めたのがSDGsと
いうことになる。

　SDGsには17のゴール（**図表2-4**）と、各ゴールの下に定められた
169のターゲットがあり、これらは持続可能な社会の実現のために達成
すべき目標を包括的に定めている。

　掲げられた目標の内容は多岐にわたっているが、いずれも人類の生活
や自然環境にとって非常に重要な内容である。物流業界・部門に関連す
る内容については後ほど触れるが、SDGsの17目標についてさらに詳細
な内容を知りたい方は、国際連合広報センターのサイト（https://
www.unic.or.jp/）にある「持続可能な開発目標」のページをご参照い
ただきたい。

● **企業経営にSDGsを取り入れる背景**
　近年企業が経営にSDGsを取り入れることが一般的になっており、企
業のWebサイトやニュースなどで、SDGsのアイコンを目にする機会も

1	あらゆる場所のあらゆる形態の貧困を終わらせる
2	飢餓を終わらせ、食糧安全保障および栄養改善を実現し、持続可能な農業を促進する
3	あらゆる年齢のすべての人々の健康的な生活を確保し、福祉を促進する
4	すべての人に包摂的かつ公正な質の高い教育を確保し生涯学習の機会を促進する
5	ジェンダー平等を達成し、すべての女性および女児の能力強化を行う
6	すべての人々の水と衛生の利用可能性と持続可能な管理を確保する
7	すべての人々の、安価かつ信頼できる持続可能な近代的エネルギーへのアクセスを確保する
8	包摂的かつ持続可能な経済成長及びすべての人々の完全かつ生産的雇用と働きがいのある人間らしい雇用(ディーセント・ワーク)を促進する
9	強靭(レジリエント)なインフラ構築、包摂的かつ持続可能な産業化の促進及びイノベーションの推進を図る
10	各国内および各国間の不平等を是正する
11	包摂的で安全かつ強靭(レジリエント)で持続可能な都市および人間居住を実現する
12	持続可能な生産消費形態を確保する
13	気候変動及びその影響を軽減するための緊急対策を講じる
14	持続可能な開発のために海洋・海洋資源を保全し、持続可能な形で利用する
15	陸域生態系の保護、回復、持続可能な利用の推進、持続可能な森林の経営、砂漠化への対処、並びに土地の劣化の阻止・回復及び生物多様性の損失を阻止する
16	持続可能な開発のための平和で包摂的な社会を促進し、すべての人々に司法へのアクセスを提供し、あらゆるレベルにおいて効果的で説明責任のある包摂的な制度を構築する
17	持続可能な開発のための実施手段を強化し、グローバル・パートナーシップを活性化する

図表2-4　SDGsの17目標

出典：国際連合広報センター
URL：https://www.unic.or.jp/activities/economic_social_development/sustainable_
development/sustainable_development_goals/

多い。だが、企業がSDGsに取り組んだところで簡単には利益につながらない、単なる慈善事業でしかないと感じている方も多いのではないだろうか。物流は企業活動の一部分なので、物流とSDGsの関係について説明する前に、企業経営にSDGsを取り入れる背景について説明しよう。

　一つ目の背景は、株主から投資対象として評価される・選ばれやすくなるということだ。近年、株主の間で企業の活動が持続可能かどうかを投資判断のひとつの指標にしようという動きが見られる。このような投資はESG投資と呼ばれ、世界的に普及している。ESGは環境（Environment）・社会（Society）・ガバナンス（Governance）を意味し、投資家や企業が持続可能な社会の実現のために取り組むべきことを示している。日本でも、公的年金積立金の管理・運用を担うGPIF（年金積立金管理運用独立行政法人）が2015年にPRI（国連責任投資原則）というESG投資の国際的なスタンダードに署名したことをきっかけに、多くの投資家が取り入れるようになった。

　ESG投資には、投資先の選び方によっていくつかの種類がある。問題のある企業を投資対象に含まない「ネガティブ・スクリーニング」、財務的な分析とESGの観点の双方を投資先決定に反映させる「ESGインテグレーション」などが代表的で、同じ業種の企業のうちESGの観点で評価が高い企業に投資する「ポジティブ・スクリーニング」という方法もある。また、特定のテーマについて取り組んでいる企業を対象に投資したり、投資先企業への働きかけや議決権の行使という形で株主が行動したりすることもある。元々はネガティブ・スクリーニングが最も一般的な手法だったが、近年は単に問題のある企業に投資しないのではなく株主が高く評価する企業を能動的に投資先として選ぼうとする動きが見られることから、ESGインテグレーションなど別の方法に取り組む投資家も増えている。つまり、投資家がより積極的に自らの意思を投資に反映するようになっているのだ。

企業がSDGsを取り入れる二つ目の背景は、取引先として選ばれやすくなることだ。持続可能性を経営に取り入れる企業の間では、自社の事業だけでなく、取引先を含めたサプライチェーン全体についての持続可能性に責任を持とうという考え方が広まっている。サプライチェーン全体について責任を持つということは、取引先についても事業における持続可能性をチェックし、場合によっては改善を求めるということになる。多くの企業が持続可能性に配慮した調達の方針（サステナブル調達方針）を公開しており、その方針に則って取引先企業の選定や説明会の実施などに取り組んでいる。また、取引先企業に質問票を送るなどして調査することある。

　他にも、企業がSDGsを経営に取り入れることで、従業員が自分の会社に愛着を持てるようになる、求職者からの共感を得られ人材の確保につながる、消費者からの評価が高まるといった好循環が生まれる。また、持続可能な社会に悪影響を与えている企業だと判断されれば、企業の信頼低下や不買活動につながる。これらの事実を踏まえると、企業が持続可能な社会の実現に向けて取り組むことは本業とも無関係ではないということがわかるだろう。

　なお、企業が経営にSDGsを取り入れる場合、自社の好きな項目を選んで取り組めばよいわけではない。17目標すべてについて自社の事業との関係性を包括的に検討した上で取り組まなければいけないとされている。特定の目標についての活動を取り上げてSDGsへの貢献をアピールしておきながら、別の目標ではむしろ環境や社会に悪影響を与えているとわかった場合、かえって企業の評価を下げてしまう可能性もある。企業のSDGsへの取り組み方については「SDG Compass」という指針が作成されているので、興味がある方は参照していただきたい。日本語版は、公益財団法人地球環境戦略研究機関のサイト（https://www.iges.or.jp/jp）でダウンロードできる。また、社内ですでに持続可能性に関する方針が定められている場合もあるので、これから物流部門で持

続可能性に関する取り組みをしようと考えている場合、自社のサステナビリティ担当部門に一度問い合わせてみるのがよいだろう。

● 持続可能な社会の実現のために物流ができること

つづいて、持続可能な社会の実現のために物流・ロジスティクスを通じてどのような取り組みを行うことができるのか、その具体的な方法を検討したい。SDGsの17目標に掲げられた内容に基づき、持続可能な社会のために物流業界・部門が実施できる主要な取り組み8つを**図表2-5**に整理した。各項目の内容を一つ一つ確認してみよう。

▶性別、年齢、障がいの有無などに関わらず働きやすく、十分な収入が得られる労働環境を整える

SDGsの目標8「包摂的かつ持続可能な経済成長及びすべての人々の完全かつ生産的雇用と働きがいのある人間らしい雇用（ディーセント・ワーク）を促進する」では、自然環境を損なわない持続可能な経済成長

持続可能な社会の実現のために物流ができること	関連するSDGs17目標
性別、年齢、障がいの有無などに関わらず働きやすく、十分な収入が得られる労働環境を整える	1、5、8、10
温室効果ガスの排出量を減らす	13
省エネルギー化・再生エネルギーの利用を進める	7
廃棄物を削減する	12
災害などの不測の事態でも物流網を維持する	9、11、13
交通事故の発生を防止する	3
持続可能な物流・ロジスティクスの実現に関するパートナーシップに参加する	17

図表2-5　持続可能な社会の実現のために物流ができること

を推進しながら、すべての人に働きがいのある人間らしい雇用を提供することが掲げられている。この「働きがいのある人間らしい雇用」という表現は一見抽象的に感じられるが、ILO（国際労働機関）が主目標に位置づける「ディーセント・ワーク」という概念を意味するものだ。ディーセント・ワークは、権利が保障されること、十分な収入を得られること、適切な社会的保護が与えられること、社会対話の機会が与えられることなどの条件がある。また、目標8「すべての人に」という部分は、性別・年齢・障がいの有無などに関わらずにすべての人がディーセント・ワークに就けるようになることを指す。

　SDGsの目標1「あらゆる場所のあらゆる形態の貧困を終わらせる」では、すべての人が十分な収入を得られるようになることが貧困の撲滅につながることから、このディーセント・ワークと関連がある。目標10「各国内および各国間の不平等を是正する」で掲げられている格差の解消とも関連するだろう。ジェンダー平等の達成を目指す目標5にも、性別に関わらず雇用を得られるようにするという要素が含まれる。

　物流業界・物流部門には賃金水準が他業界に比べて低い、ドライバーの労働時間が長いといった問題がある。仕事の肉体的負担が大きいことから、女性の就業率が他業界に比べて低い、高齢者・障がいのある人など身体能力に不安を抱えている人は働きにくいなど、一部の人にとっては就業しにくい環境にあるのも事実だ。これらの問題を解決することは、物流業界にとって非常に重要な目標であると同時に、人手不足解消というメリットも期待できる。

▶温室効果ガスの排出量を減らす

　SDGsの目標13「気候変動及びその影響を軽減するための緊急対策を講じる」は、気候変動に対する対策を掲げている目標だ。気候変動に対する対策には緩和と適応の2種類があり、緩和は地球温暖化が起こらない・進展しないようにすること、適応は気候変動による避けられない影

響に対して被害を減らすように取り組むことを指す。具体的には、温室効果ガスの排出量を削減することが緩和で、気候変動による気温上昇や異常気象や海面上昇などの変化に対して対策を取ることが適応にあたる。

　物流のモノを運ぶ活動は、ほとんどの場合二酸化炭素をはじめとする温室効果ガスを排出することになる。この温室効果ガスの排出量を削減すること、すなわち「緩和」の対策としては、従来自動車で行われていた区間の貨物輸送に鉄道や船舶を利用するモーダルシフトや、ガソリン車に代わって電気自動車を利用することなどが知られている。複数の企業が共同輸配送を行うなど、荷物の輸配送ルートを最適化することでトラックの総走行距離を短くするという方法もある。

▶省エネルギー化・再生エネルギーの利用を進める

　SDGsの目標7「すべての人々の、安価かつ信頼できる持続可能な近代的エネルギーへのアクセスを確保する」のターゲットでは、世界のエネルギーミックスにおける再生可能エネルギーの割合の増加や、世界全体のエネルギー効率の改善などが掲げられている。運輸分野のエネルギー使用については、エネルギーの使用の合理化等に関する法律（省エネ法）で中長期計画の提出やエネルギー使用状況などの 定期報告などが定められていることから、すでに省エネのための取り組みを行っているという企業も多いだろう。また最近は、再生可能エネルギーで物流センターの電力の大半を賄っているという事例もある。

▶廃棄物を削減する

　SDGsの目標12の「持続可能な生産消費形態を確保する」は、大量に商品を生産して消費、廃棄する生産消費形態を脱却し、持続可能な生産消費形態に移行することを掲げている。具体的には、資源の持続可能な利用や廃棄物の削減などが含まれる。現在流通している商品の多くは包

装された状態で運搬されているが、段ボール箱に代表されるように、こ
れらの包装は使い捨てられることが多い。こうした使い捨ての包装を削
減することは、限りある資源の無駄遣いを減らせるとともに、廃棄物の
排出を通じて環境に悪影響を与えるのを防ぐことにもつながる。

▶災害などの不測の事態でも物流網を維持する

　SDGsの目標9には、「強靭（レジリエント）なインフラ構築、包摂的
かつ持続可能な産業化の促進及びイノベーションの推進を図る」とあ
る。また目標11は、「包摂的で安全かつ強靭（レジリエント）で持続可
能な都市および人間居住を実現する」だ。この2つの目標には、いずれ
も「強靭（レジリエント）」という言葉が登場する。

　この「レジリエント」、あるいは名詞の「レジリエンス」は、元々は
困難な状況に適応して復元するしなやかさのことを意味する言葉であ
る。心理学の用語としても使われており、その場合は困難な状況にあっ
ても折れないメンタルや、心理的な回復力のことを指す。SDGsにおけ
るインフラや都市のレジリエンスは、パンデミックや災害などの不測の
事態に遭った場合に被害を抑え、短期間で元の状態に回復することを意
味する。物流は社会に必要不可欠なインフラの一つであり、都市や人間
居住を持続するためにも欠かすことができない。災害などが発生した際
にできるだけ被害を抑えるにはどうしたらよいのか、あるいは発生した
後にどのように復旧するべきかを考え対策しておく必要がある。

　また、「温室効果ガスの排出量を減らす」の説明の中で、気候変動に
対する対策には緩和と適応の2種類があることを紹介した。このうち適
応は気候変動による避けられない影響に対して被害を減らすように取り
組むことなので、気候変動を原因とする異常気象に対する対策も含まれ
る。そのため、SDGsの目標13「気候変動及びその影響を軽減するため
の緊急対策を講じる」にも災害の対策という要素が含まれていると言う
ことができる。

▶交通事故の発生を防止する

　SDGsでは17目標（ゴール）の下に169のターゲットがあるということは先述したが、目標3「あらゆる年齢のすべての人々の健康的な生活を確保し、福祉を促進する」のターゲット6は、「2020年までに、道路交通事故による死傷者数を半減させる」である。このターゲットはSDGsの中では例外的に2020年を目標年度としているが、日本は2020年までにこの目標を達成することができておらず、今後も取り組みが継続される。トラックをはじめとする貨物自動車による交通事故の防止は、物流業界が長年取り組んできたテーマだが、持続可能性という観点からも継続して取り組みを続ける必要がある。

▶持続可能な物流・ロジスティクスの実現に関するパートナーシップに参加する

　SDGsの目標17「持続可能な開発のための実施手段を強化し、グローバル・パートナーシップを活性化する」は、他の目標とは少し性質が異なる。社会や環境を直接持続可能にするための目標ではなく、他の16目標に取り組むにあたって求められる手段や体制について定めたものだからだ。このパートナーシップとは、国家や自治体、企業、一般市民など様々な人や団体が協力し合って持続可能な開発のために取り組むことを指す。企業が参加するパートナーシップであれば、世界中の企業が協力し合うような巨大なパートナーシップもあれば、国内の同業種の企業・取引関係にある企業の間の小さなパートナーシップも含まれるだろう。また、国と企業など官民が協力し合うことも重要である。

　日本で持続可能性と物流・ロジスティクスに関連するパートナーシップというと、経済産業省・国土交通省が主導する「グリーン物流パートナーシップ」や、国土交通省の「ホワイト物流」推進運動などが知られている。また、業界団体などの企業の集まりが持続可能な社会の実現に取り組むこともパートナーシップだと言える。

4 日本型サステナブル・ロジスティクスの3つのアプローチ

これまで日本型サステナブル・ロジスティクスの定義や企業が取り組む上での目標について、物流機能の維持と持続可能な社会の実現への貢献と言う二つの側面から説明してきた。その説明の中で、物流業界・部門が行うべきこととして、様々な取り組みを紹介した。これまで読み進める中で、異なる節に関連する内容が登場したことに気づかれた方もいるかもしれない。

右表（**図表2-6**）は、本章でこれまで取り上げてきた取り組みをまとめて記載したものだ。「2　物流機能の維持」では、物流のキャパシティ不足の解消のための取り組みと、サプライチェーンのプロセスの寸断防止のための取り組みを取り上げた。「3　持続可能な社会の実現への貢献」では、持続可能な社会の実現のために物流ができることを説明した。①②③のグループは、類似・関連する取り組みや一緒に取り組むと効果的な取り組みを、節を横断する形で分類したものだ。そしてこのグループは、日本型サステナブル・ロジスティクスに取り組む際に企業が取るべきアプローチを整理したものでもある。なお、「持続可能な物流・ロジスティクスの実現に関するパートナーシップに参加する」に限っては他の取り組みを行う場合にパートナーシップに参加することを推奨する内容であることから、どのグループにも入れていない。

本書の第3・4・5章では、①②③のアプローチを1章ずつ取り上げ、背景や取り組み方を詳しく説明する。本章の締めくくりとして、それぞれのアプローチの内容を簡単に紹介しよう。

①人手不足・労働問題へのアプローチ

「物流キャパシティ不足の解消」では、現在の物流業界が深刻な人手

不足に悩んでいることを踏まえ、働く人を増やす方法や同じ人数でより多くの荷物を扱えるようにする方法、扱う荷物の物量を減らす方法について紹介した。その中には、賃金を上げることや性別・年齢に関わらず働けるようにすることも含まれていた。この取り組みは、すべての人にディーセント・ワークを提供することを目指すSDGsの目標とも合致している。

　この問題に関連して、日本政府はホワイト物流推進運動という取り組

物流機能の維持		持続可能な社会の実現への貢献	
物流のキャパシティ不足の解消	サプライチェーンのプロセスの寸断防止	持続可能な社会の実現のために物流ができること	アプローチ
・物流部門で働く人を増やす ・同じ人数でより多くの荷物を扱えるようにする ・商品・梱包材の物量を減らす		・性別、年齢、障害の有無などに関わらず働きやすく、十分な収入が得られる労働環境を整える	①人手不足・労働問題へのアプローチ
・梱包材の物量を減らす	・温室効果ガスの排出量を削減する	・温室効果ガス排出量を減らす ・省エネルギー化・再生エネルギーの利用を達める ・産廃物を削減する	②環境問題へのアプローチ
	・火事、システム障害、労働災害などの発生を防止する ・BCPを策定し、必要な対策を取る	・災害など不測の事態でも物流網を維持する ・交通事故の発生を防止する	③不測の事態へのアプローチ
		・持続可能な物流・ロジスティクスの実現に関るパートナーシップに参加する	

※「梱包材の物量を減らす」は①②両方に関連するため、2回記載した。

図表2-6　持続可能な物流・ロジスティクスのために求められる取り組みの分類

みを行っている。この取り組みはトラック輸送の生産性の向上・物流の効率化と女性や60代の運転者なども働きやすいより「ホワイト」な労働環境の実現を掲げており、基本的にはトラック運転手不足の解決を目的としている。持続可能な社会の実現のために物流ができることの一つである、「持続可能な物流・ロジスティクスの実現に関するパートナーシップに参加する」の中でも、このホワイト物流推進運動を紹介した。

　本書の第3章はこのホワイト物流をテーマとし、日本企業が取り組むべき内容について語っている。人手不足と労働問題は、物流に関わる多くの人にとってすでに頭を悩ませている重要なテーマだろう。この本を通じて、少しでも役に立つ情報が得られれば幸いである。

②環境問題へのアプローチ

　持続可能性という概念が元々環境問題に関する議論の中で生まれたことからもわかるように、環境問題への対策は持続可能な社会の実現と切っても切れない関係にある。持続可能な物流・ロジスティクス、日本型サステナブル・ロジスティクスにおいても、当然避けては通れない問題だ。

　環境問題には様々な問題が含まれるが、日本ロジスティクスシステム協会の「グリーンロジスティクスガイド」によると、物流が特に深く関与しているのは地球温暖化、資源の枯渇、廃棄物による汚染の3つだと言われている。いずれも「持続可能な社会の実現のために物流ができること」で取り上げた内容だが、「サプライチェーンのプロセスの寸断防止」でも異常気象を予防する方法として温室効果ガスの排出量削減について触れた。「物流のキャパシティ不足の解消」で取り上げた梱包材の物量の削減も、資源の枯渇や廃棄物による汚染を防ぐための方策の一つとなる。

　環境問題に対する物流の取り組みに関しては、日本政府がグリーン物流という活動を促進している。ホワイト物流同様、物流に関わる方であ

れば必ずといっていいほど知られている言葉であり、「持続可能な物流・ロジスティクスの実現に関するパートナーシップに参加する」の中でも取り上げた。政府の掲げるグリーン物流は地球温暖化対策を目的としており、広い意味では資源の無駄遣いの防止やごみ排出の削減なども含まれる。

　本書の第4章では、このグリーン物流への取り組み方について、昨今の世界・日本における地球温暖化対策の動向も含めて取り上げている。環境問題は全世界で非常に重視されている問題の一つであり、物流もその例外ではない。物流関係者の立場からどのように解決に貢献できるか、この機会にぜひ考えていただきたい。

③不測の事態へのアプローチ

　3つ目のグループは、災害に代表される不測の事態に関する取り組みである。「サプライチェーンの寸断防止」では、不測の事態によって物流機能が停止すればサプライチェーンのプロセスが寸断されて事業活動に大きな影響を与えることを説明した。「持続可能な社会の実現のために物流ができること」の中でも、SDGsに「強靭（レジリエント）」という用語が何度も登場することを踏まえて、災害に備えることが持続可能な社会のために必要不可欠であることを示した。また、交通事故も不測の事態に含まれる。

　本書の第5章では、物流におけるレジリエンスについて詳しく紹介する。不測の事態には様々なものがあるといっても、実は対策する上では共通する手順やポイントがある。本書を通じて、全体的な考え方を理解していただければと思う。

テクノロジーの進化とロジスティクス4.0

　第1章にて「日本型サステナブル・ロジスティクスで捉えている新たな課題は個社の努力だけで解決するのは難しい」と述べました。日本では、個社レベルで現場での継続的な物流業務改善に取り組むことが既に一般的となっており、それらの取り組みが1円単位のコスト削減や、当日配送などの物流サービス高度化へとつながっています。各社は今までも十分に努力を重ねて物流現場の改善を推進してきたのです。

　近年、最新テクノロジーを活用し、できる限り人手を介さない物流「ロジスティクス4.0」を実現しようという動きが活発です。今後、IoT・ロボティクス・AI(人工知能)技術が進化することで、人間の認知や判断、作業を代替するものとして浸透していくでしょう。例えばIoTの活用では、商品データの入ったRFIDを入出荷時に自動で読み取ることで在庫状況や輸配送状況が可視化でき、ロボティクス技術ではロボットが人間の代わりに商品を運んだり、ピッキングしたりすることが可能です。また、IoTセンサーからの情報をAIが判断し、その判断に基づいて倉庫内のロボットが自律的に動くということも行われています。つまり、IoTセンサーが人間の目、ロボティクスが人間の手足、AIが人間の脳の役割を果たすことが可能になっているのです。

　近い将来、物流倉庫の自動化が当たり前となり、トラックの自動運転も実現するでしょう。テクノロジー進化の観点からすると、将来的に物流業界は人力による労働集約型の産業から、自動化機械設備による装置産業となっていくことが予測されています。我々は今、物流産業の大きな転換期にいるのかもしれません。

　ロジスティクス4.0の実践方法や今後の展望は2019年に発行された拙著『日本型ロジスティクス4.0』(日刊工業新聞社)にも詳細が書かれています。関心のある方はぜひ手に取ってみてください。

第 **3** 章

物流効率化とホワイト物流

　多くの企業にとって人手不足は大きな課題であり、物流事業者も例外ではない。国土交通省も物流の効率化、労働環境改善により物流業務に従事する人手不足の解消を目指すホワイト物流推進運動を掲げている。将来にわたり必要な物流を持続的・安定的に確保するために、いま企業が取り組むべきことは何か。ホワイト物流実現に向けた3つの打ち手を説明する。

1 ホワイト物流とは

● ホワイト物流の背景

　第1章で述べた通り、消費者の生活の基盤や日本の経済成長を支える社会インフラとして物流の重要性は年々高まっている。一般消費者を対象としたEC（個人向けインターネット通販）の拡大、および消費者志向の多様化を受け、貨物の多品種小ロット化は進み、宅配便の年間取り扱い件数は2014-2018年度までの5年間で約6.7億個（＋18％）増加し、年間43億個に上っている。ただでさえ拡大を続けるEC市場は、新型コロナウイルス感染症のパンデミックによる巣ごもり需要に後押しされるかたちでさらに成長し、2020年度の宅配便取扱件数は48億個（2018年から＋12％）に上り、6年連続過去最多を更新した。こうした中、物流サービスは高度化を続けている。注文された製商品の当日配送や、製商品を注文した消費者にリピート利用を促すための販促品やチラシの同梱など、消費者、荷主が求めるサービスレベルを満たすため、物流事業者の業務量は増大するばかりだ。

　その一方、物流に従事する労働者の労働環境や労働条件は悪化の一途を辿っている。例えば、トラックドライバーの平均労働時間は、全産業の平均に比べ、約20％も多い。さらに年間平均賃金も全産業の平均500万円前後に比べ、トラックドライバーは400万円前後と大幅に下回る。それだけでなく、トラックドライバーの平均年齢は、全産業の平均と比べ若年層（15歳から29歳）の割合が低く、高齢層（40歳から54歳）の割合が高い。トラックへの積み込み、トラックからの荷下ろし、深夜から早朝におよぶ輸送といったドライバーの担う作業は、高齢のドライバーにとってはさらに重荷となる。こうしたドライバーの過酷な労働環境から、物流業界は次第に「ブラック業界」として認知されるように

なった。消費者、荷主の要求するサービスレベルの向上と比例して悪化する労働環境、労働条件などの要因から、物流業界における人員不足の深刻さは加速していった。2021年5月時点のトラックドライバーの有効求人倍率は1.88と全職業平均である0.94の約2倍となっている。

　劣悪な労働環境や労働条件は社会的課題として認知され、これらを解決するべく、2018年6月働き方改革関連法が成立、2019年4月から改正労働基準法が全産業を対象に施行された。トラックドライバーについては、2024年4月から法定労働時間（1日8時間、週40時間）を超える時間外労働の上限が年間960時間に制限され、これを超えた場合には罰則が科せられることになった。物流業界は早急に長時間労働是正への取り組みを推進しなければならなくなったのだ。

● 国土交通省のホワイト物流の定義

　この流れを受け、2019年の改正労働基準法施行より国土交通省が提唱している取り組みがホワイト物流推進運動だ。ホワイト物流推進運動は、深刻化するトラックドライバー不足に対応し、国民生活や産業活動に必要な物流を安定的に確保するとともに、経済の成長に寄与することを目的とし、①トラック輸送の生産性の向上・物流の効率化、②女性や60代以上の運転者なども働きやすい、より「ホワイト」な労働環境の実現に取り組む運動と定義されている。つまり、ホワイト物流推進運動の目標は、人手不足問題を解消することで、必要な物流を持続的・安定的に確保することだ。

　図表3-1はホワイト物流の実現に向け、国土交通省が取り組みを推奨する項目のリストだ。国土交通省は、運送業務の効率化やドライバーを中心とした運送業務に従事する労働者の労働環境是正の観点から、大きく4つの取り組み項目を公表している。

　まず、1つ目は「運送内容の見直し」だ。具体的には、トラックドライバーの荷待ち時間を削減するためのトラックバース予約受付システム

分類 番号		取組項目	取組内容 ※以下に記載の取組内容は記載例です。適宜変更して頂くことができます。 ※まずは一部の拠点で実施する場合や、試験的に取り組む場合、実施する方向で検討を進める場合などもご記載頂けます。
A. 運送内容の見直し（※）厚生労働省・国土交通省・全日本トラック協会「荷主と運送事業者の協力による取引環境と長時間労働の改善に向けたガイドライン」参照			
A	①	物流の改善提案と協力	・取引先や物流事業者から、荷待ち時間や運転者の手作業での荷卸しの削減、附帯作業の合理化等について要請があった場合は、真摯に協議に応じるとともに、自らも積極的に提案します。
A	②	予約受付システムの導入^(※)	・トラックの予約受付システムを導入し、荷待ち時間を短縮します。
A	③	パレット等の活用^(※)	・パレット、カゴ台車、折りたたみコンテナ、通い箱等を活用し、荷役時間を削減します。
A	④	発荷主からの入出荷情報等の事前提供^(※)	・発荷主として貨物を発送する場合に、物流事業者や着荷主の準備時間を確保するため、入出荷情報等を早めに提供します。
A	⑤	幹線輸送部分と集荷配送部分の分離^(※)	・トラック運転者の拘束時間を短縮するため、物流事業者から幹線輸送部分と集荷配送部分の分離について相談があった場合は、真摯に協議に応じます。
A	⑥	集荷先や配送先の集約^(※)	・トラック運転者の拘束時間を短縮するため、物流事業者から集荷先や配送先の集約について相談があった場合は、真摯に協議に応じます。
A	⑦	運転以外の作業部分の分離^(※)	・物流事業者から運転業務と運転以外の附帯作業の分離について相談があった場合は、真摯に協議に応じます。
A	⑧	出荷に合わせた生産・荷造り等^(※)	・出荷時の順序や荷姿を想定した生産・荷造り等を行い、荷待ち時間を短縮します。
A	⑨	荷主側の施設面の改善^(※)	・倉庫等の物流施設の集約・増設・レイアウト変更等を行い、荷待ち時間や荷役時間を短縮します。
A	⑩	リードタイムの延長^(※)	・トラック運転者が適切に休憩を取りつつ運行することが可能となるように、発荷主としての出荷予定時刻を厳守します。・着荷主として幅を持たせた到着時刻を認めることなどにより十分なリードタイムを確保します。
A	⑪	高速道路の利用^(※)	・物流事業者から、高速道路の利用と料金の負担について相談があった場合は、真摯に協議に応じます。
A	⑫	混雑時を避けた配送^(※)	・道路が渋滞する時間や着荷主側の混雑時間を避けるため、出荷時間や納品時間を分散させます。
A	⑬	発注量の平準化^(※)	・荷待ち時間を短縮するとともに、運行効率を向上させるため、曜日波動や月波動などの繁閑差を平準化します。
A	⑭	船舶や鉄道へのモーダルシフト^(※)	・長距離輸送について、トラックからフェリー、RORO船や鉄道の利用への転換を行います。この際に、運送内容や費用負担についても必要な見直しを行います。
A	⑮	納品日の集約	・取引先から隔日配送化、定曜日配送化等の納品日の集約に関する提案があった場合は、真摯に協議に応じるとともに、自らも積極的に提案します。
A	⑯	検品水準の適正化	・取引先から検品方法（例.検品レス化、サンプル検品化、事後検品化等）や返品条件（例.「輸送用の外装段ボールに汚れ、擦り傷があっても、販売する商品に影響がなければ返品しない」）等の検品水準の適正化に関する提案があった場合は、真摯に協議に応じるとともに、自らも積極的に提案します。

A	⑰	物流システムや資機材の標準化	・取引先や物流事業者から、データ・システムの仕様やパレットの規格等の標準化について要請があった場合は、真摯に協議に応じるとともに、自らも積極的に提案します。
B. 運送契約の方法			
B	①	運送契約の書面化の推進	・運送契約の書面化を推進します。
B	②	運賃と料金の別建て契約	・運送契約を締結する場合には、運送の対価（運賃）と運送以外の役務等の対価（料金）を別建てで契約することを原則とします。
B	③	燃料サーチャージの導入	・物流事業者から燃料サーチャージの導入について相談があった場合には、真摯に協議に応じます。
B	④	下請取引の適正化	・運送契約の相手方の物流事業者に対し、下請けに出す場合、上記1～3に準じて対応するように求めます。
C. 運送契約の相手方の選定			
C	①	契約の相手方を選定する際の法令遵守状況の考慮	・契約する物流事業者を選定する際には、関係法令の遵守状況を考慮します。 【参考】自動車運送事業者の行政処分情報検索（国土交通省HP）http://www.mlit.go.jp/jidosha/anzen/03punishment/cgi-bin/search.cgi
C	②	働き方改革等に取り組む物流事業者の積極的活用	・働き方改革や輸送の安全性の向上等に取り組む物流事業者を積極的に活用します。 【参考1】自動車運送事業者のホワイト経営の「見える化」 平成31年度中の認証制度の創設を目標に国土交通省の検討会で検討中 【参考2】安全性優良事業所（Gマーク事業所）都道府県別一覧表（全日本トラック協会HP） http://www.jta.or.jp/tekiseika/teki_list/gmark/index.html
D. 安全の確保			
D	①	荷役作業時の安全対策	・荷役作業を行う場合には、労働災害の発生を防止するため、安全な作業手順の明示、安全通路の確保、足場の設置等の対策を講じるとともに、事故が発生した場合の損害賠償責任の明確化を図ります。
D	②	異常気象時等の運行の中止・中断等	・台風、豪雨、豪雪等の異常気象が発生した際やその発生が見込まれる際には、無理な運送依頼を行いません。また、運転者の安全を確保するため、運行の中止・中断等が必要と物流事業者が判断した場合は、その判断を尊重します。
E. その他			
E	①	宅配便の再配達の削減への協力	・配達希望日・時間帯の指定が可能となるように、自社のインターネット通販サイトを改良します。・社宅への宅配ボックスの設置やオフィス受取を推進します。
E	②	引越時期の分散への協力	・人事異動や社内制度の見直しにより、引越時期を分散させます。
E	③	物流を考慮した建築物の設計・運用	・自社が新規に建築する商業施設やオフィスビルについては、国土交通省「物流を考慮した建築物の設計・運用について～大規模建築物に係る物流の円滑化の手引き～」を参考にして設計・運用します。
F. 独自の取組			
F	①	独自の取組 ※独自の取組が複数ある場合は、E2、3、4…と番号を追加して下さい。※項目名は、取組の内容に応じて適宜記載して下さい。	（例） ・「トラック輸送の生産性の向上・物流の効率化」につながる独自の取組 ・「女性や60代の運転者を含む多様な人材が活躍できる働きやすい労働環境の実現」につながる独自の取組

図表3-1　「ホワイト物流」推進運動　推奨項目リスト

出典：国土交通省　ホワイト物流推進運動
URL：https://white-logistics-movement.jp/wp-content/themes/white-logistics/docs/recommendation_list.pdf

（トラックバースの空き時間を見える化し、ドライバーや倉庫事業者が事前にトラックバースを予約できるシステム。トラック到着順に無計画に行われていた作業が予約に基づき計画化されることによって待ち時間の削減につながる）導入などシステム面の整備や、高速道路の利用（物流事業者から高速道路の利用と料金の負担を求められた場合は、荷主側で真摯に検討を行う）、トラックや鉄道、船舶などへのモーダルシフト検討といった内容が挙げられる。

　2つ目が「運送契約の方法」だ。契約の書面化や下請取引の適正化などが該当する。

　3つ目の「運送契約の相手方の選定」では、荷主に対し、働き方改革などに取り組む物流事業者を積極的に活用することを促している。

　4つ目に荷役作業における安全対策の徹底や異常気象時の運行中止といった「安全の確保」を挙げている。

　国土交通省は、ホワイト物流の実現には荷主、物流事業者などの関係者が連携して相互に改善を提案し、協力することが重要であるとしている。推奨項目リストを見ると、多くの項目で荷主側の努力が求められることがわかる。例えば「運送内容の見直し」の一つにある「発荷主からの入出荷情報などの事前提供」は、物流事業者がスムーズに作業を開始できるよう、荷主側が物流事業者に対しどの商品が、いつ、何点、物流拠点に届くのかといった情報を事前に提供する取り組みである。これにより物流事業者は事前に提供された情報に基づく入荷量から、どれだけの作業員を割り振るか決めることができる。事前の情報がない場合は、物流事業者が過去の傾向を見ながら入荷量を予測して作業員を割り当てる。しかし、予測が外れ入荷量が急増した場合は、急ぎ作業員の再配置をしなければならない。出荷作業も同様で、正確な入出荷情報を事前に把握することが物流事業者のスムーズな作業につながる。

　また「検品水準の適正化」においては、荷主と物流事業者間で受入検品作業の内容やサービスレベルを見直すことで、物流事業者の業務負荷

低減につなげる。ホワイト物流推進運動 では、企業がホワイト物流の取り組みを申告する制度となっており、その申告を「自主行動宣言」という。企業はホワイト物流推進運動の趣旨と**図表3-2**にある「自主行動宣言」の必須項目に合意し、自主行動宣言様式フォーマットに取り組み項目と内容を記入の上、国土交通省の事務局に提出すると、自社の取り組みをプレスリリースやホームページなどで公表することができる。

　ホワイト物流推進運動への賛同企業は、2021年末時点で1,315社となっているが、従業員が100名を超える企業が約4万6,000社あること（2014に実施された経済センサス活動調査〔総務省が全産業分野の売上金額や、費用などの経理項目を同一時点で網羅的に把握し、日本における事業所・企業の経済活動を全国的および地域的に明らかにするとともに、事業所および企業を対象とした各種統計調査の母集団情報を得ることを目的とした統計調査〕）に鑑みると、この取り組みが広く浸透しているとはとても言えない。

「自主行動宣言」の必須項目

取組方針	事業活動に必要な物流の持続的・安定的な確保を経営課題として認識し、生産性の高い物流と働き方改革の実現に向け、取引先や物流事業者等の関係者との相互理解と協力のもとで、物流の改善に取り組みます。
法令遵守への配慮	法令違反が生じる恐れがある場合の契約内容や運送内容の見直しに適切に対応するなど、取引先の物流事業者が労働関係法令・貨物自動車運送事業関係法令を遵守できるよう、必要な配慮を行います。
契約内容の明確化・遵守	運送及び荷役、検品等の運送以外の役務に関する契約内容を明確化するとともに、取引先や物流事業者等の関係者の協力を得つつ、その遵守に努めます。

図表3-2　「自主行動宣言」の必須項目

出典：国土交通省　ホワイト物流推進運動
URL：https://white-logistics-movement.jp/flow/

● **筆者のホワイト物流の定義**

　ここまで、国がホワイト物流を推進している背景と目的、推奨されている取り組み項目について述べてきた。簡潔にまとめると、輸送の担い手であるドライバーの深刻な人手不足の解消に向けて、トラック輸送の効率化と労働環境改善を実現する運動と言える。国土交通省が所管しているため、配送に焦点をあてた内容になるのは当然だ。

　ただし、「モノを運ぶ」という活動には、トラックだけではなく、航空機、船舶、鉄道、あるいは原動機付自転車といった小型車両まで様々な輸送手段が用いられる。トラックドライバー不足の解消は待ったなしではあるものの、課題を解決すべき輸送手段は他にもあるのではないか。

　また物流業務には、「モノを運ぶ」輸配送業務だけではなく、「モノを保管し管理する」倉庫業務も含まれる。業界、業種によって多少異なる部分はあるものの、サプライチェーン（製品の原材料、部品の調達から販売に至るまでの一連の流れ）全体における一般的なモノの流れは、**図表3-3**のようになる。メーカーを例に取ると、素材から部品を作り、複数の部品を組み立てて製品を作る。完成した製品は、卸や販売店、あるいは一般消費者へと販売される。製品が一般消費者へ届けられるまでには、複数の倉庫を介していることがわかる。輸配送業務はもとより、倉

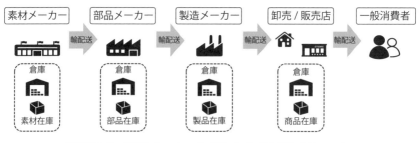

図表3-3　製造メーカーを例にしたサプライチェーン

庫業務が機能してこその物流業務なのだ。

　筆者は、ホワイト物流を「倉庫業務と輸配送業務の双方を対象に、業務効率化を図り、労働環境を改善する」取り組みと定義、取り組み範囲を国土交通省より広く捉え、必要な物流の持続的・安定的な確保のために何が必要か、議論を進める。

　上記定義に基づき、次項ではサプライチェーンを構成する物流機能のうち、改善に注力すべき領域はどこか、将来の物流のために焦点をあてるべき領域はどこか、筆者の見解を述べる。

● **作業量が増加している物流の範囲／人手が不足している物流の範囲**

　必要な物流の持続的・安定的な確保に向けて、サプライチェーンを構成する物流機能のどこに手を打つべきか。筆者は公開されている定量的データ（例：国や公的機関が実施した物流関連の現状調査）、および物流の将来を予測するため独自で定義した変数やロジックを使って導出した「試算値」に基づき説明する。また、この試算値は世の中の「ドライバーが足りない、人が足りない」という定性的、かつ漠然とした問題認識に対し、具体的な回答を提供できると考えている。

　試算値の算出にあたり、2つの前提を置く。

　（1つ目）「現在（2022年）から2030年までの間、国内貨物の総重量は変わらない」

　（2つ目）「物流領域の業務における作業量の増減は、取り扱う貨物の数（個口数）に依存する」

　1つ目は、「現在（2022年）から2030年までの間、国内貨物の総重量は変わらない」という前提である。総務省が公表した人口推計によると、2021年10月1日時点の総人口は前年比64万4,000人（0.51％）減の1億2,550万2,000人で、比較可能な1950年以降で過去最大の減少率となった。移民政策の見直しなどによって将来、人口が増加傾向に転じる

可能性もなくはないが、人口減少は今後も同じペースで進んでいくとみるのが自然である。人口の減少は、製商品を購入する消費者の減少も意味するため、食品、家電、自動車といった幅広い分野で将来、購買量の大幅な増加が起こるとは考えにくい。製商品の購入量が増えないのだから、製商品生産量の増加もないと予想される。つまり日本国内の貨物量は、消費の観点、生産の観点いずれから見ても、中長期的に大きく変動しないと考えられるのだ。実際、国内貨物輸送量は1990年代以降、徐々に減り続けており、2018年には1990年比で約20億トン減少と長期的に減少傾向にある。

　では、「現在（2022年）から2030年までの間、国内貨物の総重量は変わらない」という前提において、サプライチェーンを構成する物流機能のどこが将来、問題となり得るのか。

　日本の物流機能を支える労働者は、減少傾向にある。第1章で述べた通り、日本において生産年齢人口の減少から、物流業界でも例外なく人手不足の問題が起っている。人手不足を解消するため、国や企業は業務の効率化などによって物流業務にかかる作業量を減らし、労働者ひとりあたりの負荷を下げようとしている。国土交通省のホワイト物流推進運動もその一例だ。この考え方からすると、物流領域の労働者ひとりあたりの負荷を上げるような事象、つまり物流業務の作業量増加が見込まれる領域は、人手不足がより深刻化し、将来問題となる可能性が高いとみることができる。

　ここで2つ目として、筆者は「物流領域の業務における作業量の増減は、取り扱う貨物の数（個口数）に依存する」という前提を置く。倉庫業務、輸配送業務といった物流領域の業務における作業量の増加要因はいくつかある。例えば、貨物の数、貨物の重さ、貨物の大きさ、貨物を運ぶ距離、流通加工業務（流通の過程で消費者の利便性を高めるとともに、商品に付加価値をつけるために行われる一連の加工作業）の複雑さなどである。これらのうち、貨物の重さ、貨物の大きさ、貨物を運ぶ距

離、流通加工業務の複雑さは、運ばれる貨物ごとに異なり、それら要因の違いが作業量の増加にどれだけ影響するのか定量的に表すのは難しい。ただし、「前工程から送られてきた貨物を後工程に渡す」という物流の基本的、かつ最低限の機能において、渡すもの、つまり貨物の数が増えると作業量が増加するというロジックは、倉庫業務、輸配送業務どちらにおいても十分に成り立つ。このことから筆者は、「物流領域の業務における作業量の増減は、取り扱う貨物の数（個口数）に依存する」、つまり「倉庫業務、輸配送業務において、個口数が増えるとそれだけ作業量は増加する」という前提を置く。

　これまでに述べた2つの前提に基づき、サプライチェーンを構成する物流機能のうち、将来問題が発生する可能性が高い領域、つまり運ぶ貨物の数（個口数）が増加し、作業量も増える領域を絞り込む。

　図表3-4のうち、仕入先から倉庫への輸配送業務については、個口数が増えて作業量が増える領域ではないと考える。1つ目の前提に基づくと、仕入先からの仕入品の総重量は変わらない。また企業は一般的に、仕入先からの調達において、コスト低減を重視する。調達にかかるコストが増加すると、企業は製商品の値上げを検討せざるを得ず、製商品の

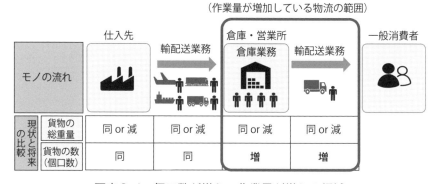

図表3-4　個口数が増えて作業量が増える領域

競争力に影響するためだ。仕入先からの調達においては、できるだけまとめて回数を少なく、という思考が働くことから、2つ目の前提にある取り扱う貨物の数（個口数）が増えるという状況が急激に進むことも考えにくい。

　逆に図表3-4のうち、倉庫や営業所から一般消費者に製商品を運ぶ領域（ラストワンマイル）は、個口数が増えて作業量が増える領域である。1つ目の前提に基づくと、国内貨物の総重量は変わらないことになる。ただし前述の通り、ECの拡大で配送先が個人（宅）に細分化したことによる個口数の増加、および新型コロナウイルス感染症のパンデミックによる巣ごもり需要に後押しされたEC利用のさらなる拡大を受け、宅配便の取扱件数は増加の一途を辿っている。つまり、2つ目の前提にある取り扱う貨物の数（個口数）が増える状況はすでに発生している。なお、個口数が増えて作業量が増加するのは、ラストワンマイルにおける輸配送業務だけではなく、ラストワンマイルの起点となる倉庫や営業所での業務も同様である。

　以上の考察より、筆者は「ラストワンマイルにおける倉庫業務、および輸配送業務において将来、人手不足が加速する」という仮説のもと、より具体的に後続の打ち手を検討するために、独自に実施した試算の結果を以下に示す。

　まずラストワンマイルにおける宅配便取扱件数は、8年後の2030年度、60億個に達すると試算する。新型コロナウイルス感染症のパンデミックによる巣ごもり需要によって後押しされたEC市場の拡大が大きな増加要因である。

　では人と輸送手段はどうか。

　人（ドライバー）について、現在運送業に従事している者に限定せず、広く宅配で利用される輸送手段（小型バンや商用三輪バイク）を運転可能な普通免許保持者ととらえると、将来にわたって人（ドライ

バー）不足は発生しないと想定する。

　輸送手段について、2024年度時点での宅配便取扱件数（当社試算値）は、現在宅配便において主に利用されている車両（軽バン）の輸送能力を超過する、つまり2024年度以降、宅配便の輸送手段が足りなくなると想定する。なお、不足する宅配便の輸送手段を補う形で、これまでの主たる輸送手段である軽バンではなく、商用三輪バイクの利用が拡大すると想定する。宅配便の利便性向上を受け、近年物流事業者各社において、小型・軽量貨物の取り扱いが増加傾向にあることがその根拠となる。

　上記、試算の詳細については、当社サイトを参照してほしい。

　倉庫や営業所での業務を対象とした試算を実施しなかったのは、倉庫や営業所における作業量は、貨物の重さ、貨物の大きさ、流通加工業務の複雑さなどが影響すると想定されるところ、それら要因の違いが作業量の増加にどれだけ影響しているのか定量的に表すのが難しい、という前述の理由からである。ただし、ラストワンマイルにおける個口数の増加に比例して倉庫や営業所での作業量も増加すること、それに伴い倉庫、営業所での人手不足が加速することは想像に難くない。ラストワンマイルの起点である倉庫や営業所の機能が滞ることは、後工程である輸配送業務の維持や宅配の安定的供給にも大きく影響するため、課題解決に向けての取り組み優先度は輸配送と同様に高い。

　ではこれらの領域に対し、どのような打ち手を講じるべきか、次項で説明する。

2 ホワイト物流への打ち手

● ホワイト物流実現における要点

　前節では、ラストワンマイルにおける倉庫業務、および輸配送業務を対象に、筆者の独自試算結果に基づく課題認識を述べた。ラストワンマイルにおける輸配送業務については、人手不足への対応は可能であるものの、個人（宅）へ荷物を運ぶ際の輸送手段に大幅な不足が生じる可能性がある。さらに、倉庫および営業所の業務については、個口数の増加に比例して人手不足が深刻さを増す、というのが筆者の見解である。輸配送業務の課題に対する有効な打ち手として、前節で宅配用三輪バイクの利用拡大の可能性について言及したが、これらの打ち手を一企業、一物流業務担当者のレベルで講じることは難しい。そこで本書では、企業、および物流業務担当者が主体的に取り組むことができ、かつ後工程である輸配送業務の効率化にも寄与する倉庫および営業所の業務を対象に、ホワイト物流が目指す業務効率化と労働環境の改善に向けての打ち手を検討していく。

　打ち手を検討するにあたって意識すべきは、業界レベル、あるいは業種業界をまたいで実現に向けた検討が進められている共同物流の取り組みである。

　共同物流とは、保管・荷役・輸配送などの物流機能を複数企業が共同で行うことである。具体的には、複数企業間で倉庫を共有し、製商品の保管・入出庫作業を実施する（共同倉庫）、1つのトラックに複数企業の製商品を積み配送すること（共同配送）などが該当する。共同物流を実施することで、企業単独で物流諸機能を維持、運用する場合に比べて、荷主、および物流事業者の双方にコストメリットが生じることは想像に難くないが、共同物流には、それ以外にもいくつかのメリットがあ

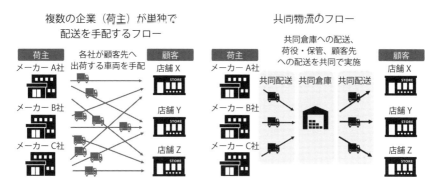

図表3-5　共同物流のメリット

る。共同配送を例に簡単に説明する。

　1つ目は、業務負荷軽減だ。顧客に対し、複数の企業（荷主）がそれぞれ単独で配送を行う場合、顧客への製商品到着までの時間にばらつきが生じる。また、顧客側も荷主ごとに荷受作業を行う必要がある。しかし、複数荷主の製商品を1カ所に集め、顧客に配送すれば、荷主から顧客への配送は1回で済む。顧客への製商品到着時間も同じになるため、顧客側での荷受作業の計画も立てやすく、かつ1回の荷受作業で済む。

　2つ目に、地球環境対策への貢献だ。配送回数が減ることで、車両から排出される二酸化炭素などの温室効果ガスが削減できる。

　共同物流は、ドライバーの人手不足、環境負荷軽減などへの解決策の一つとして、業界レベル、あるいは業種業界をまたいで実現に向けた検討が進められている。

　例えば、2019年4月には、国内食品メーカー5社（味の素、ハウス食品グループ、カゴメ、日清製粉ウェルナ、日清オイリオグループ）の共同出資により、各社の物流事業を統合した物流会社F-LINEが設立された。2021年6月に閣議決定された「総合物流施策大綱（2021年度～2025年度）」でも、共同輸配送のさらなる展開、倉庫シェアリングの推進など、複数企業間での物流機能・資産の共有が目標として掲げられてい

る。また、総合科学技術・イノベーション会議が司令塔機能を発揮して、府省の枠や旧来の分野を超えたマネジメントにより、科学技術イノベーション実現のために創設した国家プロジェクトである戦略的イノベーション創造プログラム（Cross-ministerial Strategic Innovation Promotion Program 通称SIP）の一環として、「スマート物流サービス」推進委員会が設置され、サプライチェーン全体の生産性向上のため、物流・商流データの基盤構築が検討され、研究開発が進んでいる（**図表3-6**参照）。

　ラストワンマイルを担う宅配業界においても、限りある宅配機能と資産を有効に活用するために、複数の宅配事業者が連携して共同物流を推進するという方向も十分に考えられる。あるいは、ECの拡大を背景に、現在の宅配事業者以外の企業、業界から、独自の宅配ネットワーク

図表3-6　スマート物流が目指す姿

出典：国土交通省 物流政策検討会 資料
URL：https://www.mlit.go.jp/seisakutokatsu/content/001363931.pdf

を構築する動きが出ることも考えられる。フードデリバリーなどの領域
で利用が拡大しているギグワーカー（Gig worker）と呼ばれるインター
ネット上のプラットフォームサービスを通じ単発の仕事を請け負う労働
者を活用した配送サービスなどがその例である。

　企業は、そうした共同物流の仕組みを将来利用することを念頭に、各
種の打ち手を検討する必要がある。では共同物流を念頭に、具体的には
どのような打ち手が必要か。

● 本章で取り上げるホワイト物流に向けた取り組み

　ホワイト物流が目指す倉庫業務および輸配送業務の効率化と労働環境
の改善を達成するための打ち手として、筆者は以下の3つを提言する。

　まず、業務プロセスの整備である。業務プロセスの整備とは、物流領
域における各業務を作業単位に分解、各作業の内容や作業間のつながり
を整理した上で、一連のプロセスとして見える化することを指す。例え
ば、倉庫業務のうち入荷業務は、荷受け、入荷検品、棚入れといった作
業に分解できる。それぞれの作業について、内容（いつ、誰が、どのよ
うな内容を実施するのか）と前後関係を明確にし、文書化する。複数企
業間、業界レベル、あるいは業種業界をまたがって物流機能の効率的な
活用を検討するにあたり、自社がどのような物流業務を行っているのか
見える化し、場合により、一緒に共同物流に向けた検討を行う企業に対
し、その内容を開示できるよう準備する必要がある。自社物流業務の見
える化からさらに進んで、現状の無駄な業務を整理したり、より効率的
な業務推進を目的に物流業務を支援するツールやシステムの導入を検討
したりしてもいい。

　次に、情報のデジタル化である。情報のデジタル化とは、物流業務に
おいて発生する各種情報を活用、再利用できるよう電子データとして蓄
積することを指す。共同物流の進展に伴い、共同で物流を実施する各社
の物流情報をデータ化して1つのプラットフォーム（共同物流を利用す

る企業間で情報をやり取りする基盤）に集約、プラットフォームに集約された情報を基に、倉庫作業に必要な人員数、配送に必要な車両の数といった必要リソースを割り出し、各社で共有するような運用になることが想定される。そうした環境を利用できるよう、各社は紙、メール、電話、およびFAXによる物流業務運用から脱し、自社の物流情報のデータ化と蓄積を進めることが必要だ。

最後に、在庫の規格化である。在庫の規格化とは、荷姿（運ぶ貨物の形状）の整理およびその先の統一化を指す。業界レベル、あるいは業種業界をまたいだ共同物流の実現や、物流業務の抜本的な効率化のためには、荷姿の統一が不可欠である。1つのトラックに複数の荷物を積み込み、積載効率を上げトラックの台数を抑えるには、荷姿が統一され、かつ運送上の制約（例えば、混載不可といった条件）をできるだけ設けないことが前提となる。この方向性を踏まえ、自社貨物の荷姿をできるだけ標準化するとともに、将来の共同物流への参加を念頭に、荷姿や物流業務の運用を柔軟に変更できるようにすることを目指す。

これら3つの打ち手は、共同物流へ参加する際の前提条件となることはもちろん、その他様々な業務効率化、労働環境改善に向けた活動の基本ともなり得るものである。

3つの打ち手を実施する順番についても提言したい。まず、業務プロセスの整備を進める。共同物流の検討を行うにあたって、自社物流業務の見える化がなされていることの必要性は先に述べた通りであるが、共同物流を行わない場合であっても、例えば、無駄な現場作業の排除、属人化した業務の見直しを行う際に、自社がどのような業務を行っているかという情報は不可欠となる。業務プロセスの整備は、ホワイト物流実現に向けた取り組みにおいて、もっとも基礎的な打ち手である。

次に情報のデジタル化を進める。情報のデジタル化は主に現在、紙、メール、電話、およびFAXでやり取りされている情報が検討対象となる。そのため、業務プロセスの整備において、どのような作業で、どの

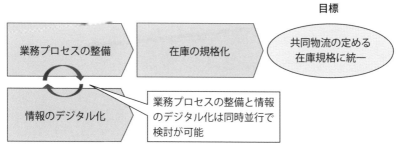

図表3-7　取り組みの順序

ような情報を、どのような媒体でやり取りしているのか把握することが先行する。情報をデジタル化する手段としてはいくつか考えられるが、将来の共同物流への参加を念頭に置くと、Excelなどにデータを収集するという方法ではなく、物流業務を支援するシステムを導入し、そのシステムに必要な情報を集積するという方法になる。なお、業務プロセスの整備と情報のデジタル化は、一部を同時並行で進めても構わない。

　在庫の規格化推進に必要な情報は、業務プロセスの整備が完了した時点で揃うので、業務プロセスの整備の後、在庫の規格化を実施するという順番になる。業務プロセスの整備を経て、各業務の中で、どのようなもの（製商品）をどのように運んでいるのかといった情報が把握できる。これらの情報に基づき、荷姿の見直しに着手する。共同物流への参加を前提にすると、最終的には共同物流の仕組みで定められた在庫の規格に合わせていくことになるが、まずは自社の製商品の荷姿をできる限り統一、制御することで、共同物流の定める在庫規格にスムーズに移行できる基盤を整えることが必要だ。

　以降、提言した取り組み順に従って、打ち手の具体的な内容を説明する。

3 ホワイト物流への打ち手1
―業務プロセスの整備

　本書では、荷主と荷主企業から物流業務を受託している物流事業者という関係を前提に打ち手について説明する。業務プロセスの整備における各種検討の内容、進め方において、より考慮を必要とするのが物流業務を外部に委託している場合だからである。ただし、検討の進め方は自社で物流業務を実施している場合と外部に委託している場合でかなりの部分が重複するため、自社で物流業務を実施している場合は、物流事業者を自社物流部門に置き換えて読んでいただきたい。

　物流現場における課題は、業務の実施が特定の担当者や熟練作業員の経験・勘頼りになっている、いわゆる属人化された業務が多く存在するという点にある。明文化されたルールやマニュアルがなく、ある特定の熟練作業員がいなければ現場の運用が回らない、または他の作業員が行うと生産性が落ちるなど、属人的業務による影響が大きい。

　例えば、輸配送業務において、配車計画という業務がある。簡単に説明すると、拠点間の配送ルートを最適化するために、どの配送先のどの荷物をどのトラックに積み込むか計画する業務だ。この計画にあたっては、積み荷の状況や得意先の納品規定（納品の際に守るべき条件）、道路事情、ドライバーの勤怠状況などの複雑に関係する諸条件を考慮しつつ、最適な組み合わせを選び出す必要がある。そのため従来は、出荷量を見てトラックが何台必要であるのか、何トンのトラックを用意すればよいのか、納品時間を厳守しつつトラックの無駄遣いをしないためにどう配車するのがよいか、これらを決める際、熟練作業員の経験と勘が重要視されてきた。

　倉庫においても属人的業務は多く存在する。例えば、倉庫業務のうち出荷業務の一部である出荷準備作業において、配送先からの出荷指示

け、電子データとして物流事業者のシステムに取り込めるものも一部あるものの、電話での指示やFAXで送付される出荷指示なども混在する。複数の連絡経路から入ってくる出荷指示をExcelなどでまとめ、出荷に向けた庫内作業に使用する現場も多く存在する。また梱包においては、製商品を最終的に受け取る顧客（個人）の満足度を高めるため、梱包作業が複雑化、煩雑化している。ギフトラッピングや、リピート顧客を狙った注文時に使用できる割引券やメッセージカードの印刷・同梱などの作業が追加され、さらに顧客ごとに箱に入れる販促品が異なるなど、物流サービスが細分化していることも属人化の一因となっている。これらの属人的業務は、自動化による省人化の障壁にもなる。

　既存の業務をロボットなど自動化機器に置き換える場合、作業の内容と手順がパターンとして整理され、そのパターンを自動化機器にインプットできることが前提となる。また、自動化機器は物流現場で発生する荷主からの急な出荷対応依頼などのイレギュラー対応や、作業員の経験に基づき咄嗟に判断するような突発的な業務には対応できない。イレギュラー対応や突発的な判断を含め、できるだけ物流作業の操作や業務手順を見える化した上で、「こうした状況の時はこの対応を取る」というパターンとして整理して業務を標準化することが、自動化の基礎となる。

● **業務フロー図の作成**

　ここでは、現状の業務を見える化する際に有効な方法を述べる。倉庫、輸配送の各業務における作業の内容や手順、特定の担当者しか知らない業務を洗い出し、業務プロセス（各作業の内容、および一連の作業間の繋がり）として整理する。また単なる現状の整理に留まらず、一歩踏み込んで、業務プロセスを洗い出す中でビジネス上必要不可欠となる作業のみを抽出、慣習的に行っていたものの業務上無駄な作業は排除するなど、これまで以上に効率的な業務を構築しようという観点も重要になる。

業務を見える化、再構築していく過程では、業務プロセスを資料としてまとめた業務フロー図を作成するのが有効だ。業務フロー図は、業務の見直しを行う荷主担当者、物流事業者担当者間の共通理解を深め、無駄な作業を排した効率的な業務の構築に寄与する。また業務プロセスにおける情報の流れを整理することも大事だ。人の手でやり取りされている情報はもちろん、現在の業務においてすでにシステムを利用している場合は、システムに送信、またはシステムから取り出している情報（データ）も併せて整理するとよい。これにより、現在取得できている情報、データの棚卸ができる。業務フロー図を作成する際は、**図表3-8**のように作業とシステムに対する操作、アクションが連動するように記載するとよい。

　業務フロー図を作成する際の留意点をいくつか示す。まずは5W1H（Whenいつ、Whereどこで、Who誰が、What何を、Whyなぜ、Howどうやって）の要素をできるだけ盛り込むこと、次に実務担当者と業務管理者両方の視点で作成することだ。また、業務フロー図の記載ルール

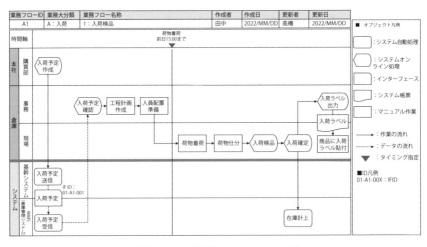

図表3-8　業務フローイメージ

や記載凡例（データの種類、システムによる処理、人手による処理など
をどのように表すかという取り決め）を統一し、業務見直しの検討を行
う関係者間での認識を合わせやすくする。最後に、作業の手順やシステ
ムの操作方法、データ項目の内容など詳細な情報を書きすぎないことで
ある。業務フロー図は現状把握を目的として、まずは必要最低限の情報
でまとめ、細かい手順やルール、システム操作の詳細は別紙でまとめる
などした方が、業務見直しの議論には使いやすい。

● 業務標準化に向けたアプローチ

　ここで業務標準化に向けたアプローチについて述べる。業務標準化と
は、似たような業務はやり方を共通化するなどして業務のパターン数を
できるだけ減らすことで、業務を効率化することを指す。業務フロー図
を作成する中で、同じ目的の業務であるにもかかわらず、担当者ごと、
拠点ごとに異なるやり方で行われている業務を洗い出し、共通的な業務
プロセスを検討、整理するのが一般的だが、業務の整備、見直しに伴
い、業務のシステム化（システム導入）も同時に行う場合には、大きく
2つのアプローチが考えられる。1つは、ボトムアップアプローチであ
る。

　ボトムアップという言葉は様々なシーンで利用されるが、システム導
入においては、現状業務や運用を確認し、それをベースに将来の業務や
必要なシステム要件を定義する手法である。現状をきめ細かく確認する
ので、より現状の業務に即した新業務、システムを構築できる一方で、
現行踏襲の意見に偏りやすく思い切った改善ができない、一から現状の
業務を見直すため膨大な工数を要するというデメリットが存在する。

　もう一つのアプローチがベストプラクティスアプローチだ。情報シス
テムの中には、パッケージシステムと呼ばれる、一般的な企業で利用が
想定される機能をオールインワンで提供するものがある。これらパッ
ケージシステムは、そのシステムを利用しているユーザー企業からの

	ボトムアップアプローチ	ベストプラクティスアプローチ 筆者が推奨するアプローチ
手法	現状の業務や運用を確認し、それをベースに将来の業務を定義する 現状業務 → 現状業務をベースに将来業務を構築する → 将来業務	パッケージシステムが提供する機能を、多くの企業が採用する効率的な仕事のやり方（ベストプラクティス）と捉え、自社にベストプラクティスを導入できるか検証しながら、将来の業務を定義する 現状業務 → ベストプラクティス（あるべき将来業務）で自社の業務が実施できるか検証しながら将来業務を構築する → 将来業務
メリット	・現状の業務や運用をきめ細かく確認するため、現状に則した業務設計が可能 ・現状をベースに業務設計するため、現状業務と将来業務に乖離が少なく、現場（実務担当者）の納得感が得られやすい	・現状業務をゼロベースで見直すため、属人的な業務を排除できる ・ベストプラクティスとの差分を中心に検証するため、比較的短期間で将来業務の検討が可能 ・多くの企業が採用する効率的な仕事のやり方をベースにするため、業務効率化の効果を早期に得られる
デメリット	・現場の意見に偏りやすく、大胆な改善な踏み切れない ・一から現状の業務や運用を確認するため、将来業務の検討完了までに時間を要する	・現状業務が大幅に変更となる可能性があるため、現場（実務担当者）の納得感が得られにくい ⇒実務担当者を将来業務の検討に巻き込むことが重要

図表3-9　業務標準化に向けたアプローチの比較

フィードバックに基づき、定期的に機能の更改や追加を実施するケースも多く、パッケージシステムが提供する機能イコール、多くの企業が採用する効率的な仕事のやり方、と捉えることもできる。そうであれば、これまでとは逆の発想で、情報システム（パッケージシステム）が提供する機能をベースに、自社の将来業務を検討するのもいいのではないか、という考え方だ。このアプローチのメリットは、世の中のもっとも効率の良い業務のやり方をベースに自社の業務を構築するため業務効率化の効果を早期に得られること、現状業務をゼロベースで見直しつつ属人的な業務を排除できることなどが挙げられる。一般的に、一から現状の業務を見直すボトムアップアプローチに比べて短期間での検討が可能だ。

● 物流システム導入のポイント

　ここまで業務プロセスの整備におけるポイントを述べてきた。これから業務プロセスの整備を行おうとしている企業、あるいはすでに業務プロセス整備に着手している企業の中には、WMSやTMSといった物流システムの利用を想定している企業も多いだろう。

　WMSとは倉庫管理システム（Warehouse Management System）の略称で、入出庫に伴う在庫管理や、納品書の作成、ピッキングや棚入れなどの荷役の実行を支援する機能を備えた倉庫業務のマネジメントを行うシステムである。

　TMSは輸配送管理システム（Transport Management System）の略称で、配送先や配送すべき貨物の量などの情報に基づき配送ルートのシミュレーションを実施し、必要な車種と車両台数を割り出し、配車の計画を立てるシステムである。車両の位置情報を取得し、どの車両がどこにいるのか管理する機能も併せて持っている場合もある。

　物流現場において、WMSやTMSといった物流システムを活用した倉庫・輸配送管理は、企業規模を問わず当たり前となりつつある。しかし、筆者の支援事例を見ても、これら物流システムの活用がうまくできていない現場は多い。ここでは、筆者の経験に基づき、物流システムを導入する、または活用する際のポイントとともに、「ホワイト物流実現における要点」で述べた将来の共同物流への参加も踏まえた考慮点を示す。

　物流システム導入においては、まず荷主、物流事業者双方の関係者を巻き込んだ検討体制の構築が必要になる。将来の効率的な業務運用とそれを支える自社部門間、あるいは他社と連携すべきデータを定義し、導入する物流システムの仕様、および物流システム以外のシステムとの連携仕様を決定しなければならない。この際、各業務における担当者の作業や作業における制約（守らなければならない条件）を把握せず検討を進めた結果、思い通りの業務効率化が図れなかったという例は珍しくな

い。現在自社が行っている物流業務を起点として、将来どのように連携・役割分担すべきか、社内外の関係者を巻き込んだ検討を行う。整備する業務フロー図は、本検討の拠り所となる。

次に導入するシステムの選定にあたっては、将来の拡張性に留意する必要がある。前述の通り、物流領域における業務効率化と労働環境改善を目的とした業界レベル、あるいは業種業界をまたいだ共同物流の取り組みが将来、実現する可能性が高い。共同物流の進展に伴い、共同で物流を実施する各社の物流情報をデータ化して1つのプラットフォームに集約、プラットフォームに集約された情報を基に、倉庫作業に必要な人員数、配送に必要な車両の数といった物流リソースを割り出し、各社で共有するような運用になっていくことが想定されるので、導入するシステムは、共同物流のプラットフォームとつなぎやすいものを選ぶとよい。

具体的には、世の中で広く使われているプログラミング言語や技術で構築されているシステム、つまり、特殊なプログラミング言語や技術で構築されていないシステムを選ぶことが大事である。多くの企業が接続、利用することが前提の共同物流のプラットフォームは、共同物流に参加する企業がより接続しやすいよう、多くの企業が利用しているポピュラーな言語、技術で構築される可能性が高いからだ。なお、ある言語や技術が広く用いられているということは、その言語、技術に長けた技術者が市場に多く存在することも意味する。共同物流に参加する際に自社システムの改修を行う場合、技術者を調達しやすいこともメリットとなる。

また、システム導入後の将来の業務プロセスが整理されたら、そのプロセスが現場業務で運用できるか、また効率的に業務を運用できるか有効性を検証する。併せて、検討段階で考慮できていなかった業務推進上の制約などがないかも確認する。

検証方法としては、プロトタイプシステムを利用したウォークスルー

（業務運用や業務で使用するンステムの仕様に誤りがないか、業務プロセス全体にわたって確認すること）が一般的である。プロトタイプシステムとは、システム開発の初期段階で、導入しようとするシステムの動作や機能を確認するために試作するデモンストレーションシステムのことを指す。整理された業務プロセスに基づき、人手での作業は実際に担当者が実施してみて、システムの操作はプロトタイプシステムを操作し画面の動きやアウトプットされる情報を確認し、問題点を洗い出す。業務運用やシステム機能、効率的でない作業は検討をやり直すことで、システム導入後の業務効率化を担保できると同時に、仕様見直しによるシステム開発作業の手戻りも回避できる。この検証は、システム化する業務の範囲が広い場合や自動化機器との連携が多いほど重要だ。

　そして最後のポイントは、新業務の定着化だ。現状業務からの業務変更点や新しい運用を整理して現場担当者に提示することはもちろんのこと、教育および新業務の安定的な運用までの定期的なチェックを組織的に実施すべきである。体制構築にあたっては、**図表3-10**を参照して欲

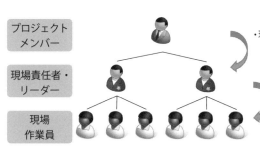

プロジェクトメンバー

現場責任者・リーダー

現場作業員

・システム化の目的を踏まえ業務マニュアルなどの教育資料を作成し講師を担当する
・現場のキーパーソンとなる責任者・リーダーに対し、システム導入プロジェクトの全体像を含めた教育を行う

・現場責任者・リーダーは受講した教育内容を踏まえ、教育内容や資料を現場作業員が理解しやすいように更新し教育する
・現場作業員に対し習熟度のチェック、追加教育を実施する

教育体制を組織的に敷くことの意義

✓段階的に教育を実施することで1人あたりが管理する教育対象の人数を適正化し、習熟度の低い対象者に対するフォローアップを丁寧に行える
✓現場責任者・リーダーから作業員へ教育することで、教育内容や資料に現場目線を追加でき、教育の浸透を図ることができる。

図表3-10　業務定着化に向けた体制

しい。システム化検討の中核にいたプロジェクトメンバーがシステム化の目的、システム化検討における議論なども踏まえて教育資料を作成し、現場の責任者・リーダーを教育する。教育を受けた現場の責任者・リーダーが各作業員へ新業務を教育する、といったかたちで、新業務を運用する上でのキーパーソンを巻き込みながら段階的に教育していくことが有効だ。

　また、教育を受けたメンバーの習熟度をチェックし、習熟度の低いユーザーへ追加教育を実施するなどフォローアップすることで定着化を図る。システム導入は、将来の業務を効率的に実施するための手段である。システム導入そのものが目的となり、適切な教育、フォローを行わなかった結果、システム導入後の業務が現状よりも非効率となってしまった例は枚挙にいとまがない。本書を参考に、効果的な新業務、新システム導入を進めて欲しい。

4 ホワイト物流への打ち手2 —情報のデジタル化

　物流現場においては、業務の実施に必要な情報が業務を実施する担当者に集まらないことによる非効率が多く存在する。特に荷主からの入出荷情報に、物流事業者の作業に必要な情報が揃っていないことによる非効率が際立つ。代表的な例としては、製商品の荷姿情報（梱包された状態での縦横高さの容積や重量の情報）が挙げられる。製商品の荷姿情報を物流事業者が把握していない場合、どのトラックにどの製商品をいくつ詰めるかといった精緻な配車計画を立てることはできない。

　また、業務の実施に必要な情報が紙、メール、電話、およびFAXといった手段で連携されることによる非効率も多い。製商品が複数日にまたがって分割納入される場合、入荷日ごとの数量がメールや電話、FAXなどで荷主から連携され、物流事業者が手運用で日々の入荷数量を把握、管理しているケースも存在する。倉庫側の取り扱いアイテム数が増えている中で、どの製商品がどこまで入荷されているか、入荷数量の管理を手で行うことは大きな負担となる。

　情報のデジタル化においては、これら非効率な業務を解消しつつ、各作業を効率的に実施するためには、どのような情報を、どのようなタイミングで、どのように連携する必要があるか、荷主と物流事業者、企業内の販売部門と物流部門など、関係者間で定義することが肝要だ。

　なお、物流サービスを安定的に供給するために共同物流をはじめとした業界全体での取り組みが活発化し、官民が一体となり物流機能や資産の共有や標準化を推し進めており、その仕組みを構築するためのデジタル化の重要性が増している。第2節で述べた戦略的イノベーション創造プログラム（SIP）スマート物流サービスでは、個社単位での最適化ではなく複数社で最適化を目指していくため、各社のデータを一つのデー

タベースに連携させ、蓄積することが構想されている（**図表3-11**参照）。

● **必要なデータの定義**

　第3節の「業務プロセスの整備」の中で述べた通り、業務プロセスを整備する中で、現在取得している情報を棚卸するとともに、将来の業務プロセス検討において、今後新たに取得しなければならない情報を整理することが求められる。この整理は、荷主と物流事業者双方で行うことが望ましい。荷主が最終的な顧客に対し貨物を届ける際に必要な情報と、物流事業者の物流業務、作業で必要になる情報は、必ずしも一致しないからだ。荷主からすれば、顧客からの注文通り、決められた日時までに、指定した商品が品質を担保した状態で配送先に届けられれば問題ないが、それらの情報だけでは物流現場で効率的に作業することは難しい。先に述べた荷姿情報などは、荷主側は不要だが、物流事業者側の作

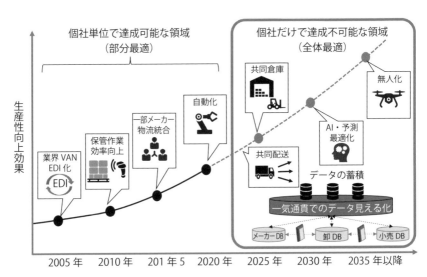

図表3-11　スマート物流が目指す姿

出典：国土交通省 物流政策検討会 資料を加工して作成
URL：https://www.mlit.go.jp/seisakutokatsu/content/001363931.pdf

業効率化に必要な情報の一例である。

　また、商品の属性情報も必要になってくる。例えば倉庫で顧客からの返品を受け入れる業務を行っている場合、返品された製商品が不良品か再販可能品かによって後続の倉庫内作業が変わってくる。倉庫では、返品された製商品に同梱される紙（返品伝票）や、製商品とは別途送られてくる返品理由が記載されたメールなどを見て作業を実施しているケースはよくある。物流事業者の作業を考慮した情報を荷主側から提供すること、物流事業者が作業しやすい方法で情報を連携することは、物流事業者の生産性向上に寄与する。荷主と物流事業者で摺合せし、整理することが重要だ。

● 情報収集、整理における役割分担の定義

　情報を整理していく過程で、どのタイミングで、どこに、誰が、どのような情報を入力するのか、入力された情報を誰がどのように処理するのか、荷主と物流事業者間での役割分担も取り決めなければならない。例えば、先述した製商品の荷姿情報については、倉庫での製商品の初回入荷時、入荷検品業務の一環として、縦横高さなどを測って情報収集するのか、あるいは荷主が事前に物流事業者側に提供するのか決める。

　また、荷姿情報をシステムで利用する製商品のマスターデータに入力する作業も、荷主、物流事業者いずれかが、どのタイミングで行うのか、担当範囲の適正化の観点から決める必要がある。荷主側で取得して物流事業者に提供することが難しい情報があるのも事実だが、物流業界での人手不足が問題となる中で、入荷検品業務での検品レスやサンプル検品化など物流事業者の業務負担を減らすように国土交通省も推奨しており、情報はできるだけ荷主から提供し、物流事業者の負担をなるべく軽減する方向となっていくだろう。荷主としても、物流事業者での荷役作業増加は、物流コストにも影響してくるため、コスト最適化も考慮して物流事業者と担当範囲を取り決める意識が必要だ。

● 情報連携の取り決め

　必要な情報項目が揃い、情報項目の収集、整理の役割分担が決まったら、その情報をどのように連携するかの取り決めを行う。まず大前提として、ホワイト物流が目指す業務効率化、労働環境改善の実現、および将来の共同物流参加の可能性を考慮して、紙、メール、電話、およびFAXでの運用を排し、電子データによる連携を前提に検討する。

　また、データ連携のタイミングも検討が必要だ。例えば受注情報をいつまで物流事業者側で受け付けるかによって、物流事業者の作業負荷も変わってくる。特に当日受注を受け付け、当日出荷する場合は、物量によっては物流事業者での作業が立てこみ、負担が増大する。

　入出荷の情報に基づき、物流事業者は作業計画を立て、必要人員を割り出しているため、事前に受け取った情報の変更をいつまで受け付けるかも取り決めが必要だ。場合によって、倉庫・輸配送での人員を考慮して、過重労働に当たることのないよう、出荷日を後ろ倒ししてリードタイムを延長するなど、物流事業者に要求するサービスレベルを荷主側で見直すことも求められるだろう。

　必要な情報が出そろい、どのように取得するか、またどのタイミングで連携するか決まったら、システムでの連携を前提にインターフェースの仕様を取り決める。インターフェースの概要とそのインターフェースに含まれるデータ項目を一覧化し、それぞれのデータ連携方法（どこからどこへ、どのような頻度で）を明記する。業務フロー図にシステム間で連携されるインターフェースを記載する際、業務フローのどの部分で行われるインターフェースなのか識別番号をつけた上で、その識別番号に該当するインターフェースの詳細情報を別紙でまとめることで、荷主、物流事業者、システム設計者間で共通認識を持ちやすくすることが重要だ。

● 共同物流に向けて必要なデータ整理

　情報のデジタル化に関連し、将来進展が期待される共同物流、その中

No	インターフェース名称	インターフェースID	該当業務フロー	概要	社内／社外	送信元	送信先	実行条件	
								サイクル	頻度・タイミング
1	入荷予定	01-A1-001	A1：入荷検品	基幹システムからWMSに入荷予定を送信する〈主なデータ項目〉仕入先、入荷予定日、入荷される商品コード、商品名、数量	社内	基幹システム	WMS	日次	21:00
2	入荷実績	01-A2-001	A2：棚入	WMSから基幹システムに入荷実績を送信する〈主なデータ項目〉入荷が完了した商品コード、商品名、数量	社内	WMS	基幹システム	随時	5分
3	出荷指示	01-B1-001	B1：引当	基幹システムからWMSに出荷指示を送信する〈主なデータ項目〉届け先、出荷日、出荷される商品コード、商品名、数量	社内	基幹システム	WMS	日次	2回(8:00、14:00)
4	出荷実績	01-B2-001	B2：出荷	WMSから基幹システムに出荷実績を送信する〈主なデータ項目〉出荷が完了した商品コード、商品名、数量	社内	WMS	基幹システム	随時	5分
5	商品マスタ	01-C1-001	C1：在庫管理	基幹システムからWMSに商品マスタを送信する〈主なデータ項目〉商品コード、商品名、商品の荷姿情報（縦横高さ）、商品単価	社内	基幹システム	WMS	日次	21:00

図表3-12　インターフェース一覧イメージ

でも特に共同配送を実施する上では、データ設計は極めてシンプルになることが予想される。現在、内閣府が推進している戦略的イノベーション創造プログラム（SIP）スマート物流サービスのサブ・プログラムディレクターを務める荒木勉氏は、共同配送を実施する上では、「荷物

を荷主が指定するところまで確実に運ぶことが第一であり、それに必要な最低限のデータをアップロードすれば良い」、としている。具体的には以下の4つを挙げている。

・識別番号
・目的地データ（出荷元・出荷先）
・容積のデータ（縦横高さと重量）
・荷扱い情報（割れ物、積段数制限）

　その他、複数の事業者が共同で利用する仕組みという特性上、物流現場には「ビジネス上の情報、個人情報を持ち込まないほうがよい」、としている（出典：一般社団法人ヤマトグループ総合研究所、フィジカルインターネットシンポジウム2022、荒木勉）。

　またホワイト物流と同じく、将来にわたっての物流機能の維持を目的に経済産業省、国土交通省で推進されているフィジカルインターネット（トラックなどの輸送手段と倉庫のシェアリングによる稼働率向上と燃料消費量抑制によって、持続可能な社会を実現するための革新的な物流システム）構想において2022年3月に取りまとめられたフィジカルインターネット・ロードマップ（取り組みの進め方）では、データを集積するプラットフォームは2031〜2035年の間で実装されるとされている。上記より、2031〜2035年の間で共同物流を実施する上で最低限必要な情報がデータ化できていれば、共同物流によるメリットを享受できると考える。2031年をゴールとした場合の残り期間は9年間となる。この期間をどのように過ごすのか、ホワイト物流を実現し、将来にわたって物流サービスを維持するにあたっては非常に重要となる。

5 ホワイト物流への打ち手３ —在庫の規格化

　検討が進められている業種業界をまたいだ共同配送の実現や物流業務の抜本的な効率化のためには、荷姿（運ぶ貨物の形状）の統一が不可欠である。一つのトラックに複数の貨物を積み込み、積載効率を上げてトラック台数を抑えるには、荷姿が統一され、かつ運送上の制約（例えば、混載不可といった条件）をできるだけ設けないことが前提となる。先述した食品メーカー5社で物流共同化を目的に設立された物流会社 F-LINE は、国土交通省が策定した「加工食品分野における物流標準化アクションプラン」に参画している。そのアクションプランの主な内容として、①納品伝票（納品伝票のサイズ、複写枚数、記載内容などの統一）、②外装表示（外装表示の表示内容、表示位置、文字フォントなどの統一）、③パレット・外装サイズ（パレットおよび外装サイズの統一化）、④コード体系・物流用語（発荷主ごとに異なるコード表示や物流用語の統一）の4つが挙げられている。

　現場作業の観点から見ても、ドライバーや倉庫作業員にとって、貨物の荷姿が統一されていないことに起因して作業が煩雑化する、作業負荷が増加するケースは非常に多い。例えば、トラックへの積み込み作業では、荷姿が統一されていないため、作業員の経験と勘で貨物をパズル状に組み合わせてトラックに積み込んでいる。複数貨物の形状がバラバラであればあるほど、トラックへの積み込み作業も時間がかかる。

　また、トラックへの積み込みの際、積み下ろしの作業まで考慮した積み込みができていないため、積み下ろし作業、および積み下ろし場でパレットに貨物を積んでいく作業も複雑になり、荷役時間の増加につながる。

　生産性向上のためシステムや自動化機器の導入を検討するのは一般的

だ。ただシステムや自動化機器による生産性向上、業務効率化の効果を
より大きなものとするためにも、荷姿が統一されていることが望まし
い。

　今まで述べたような荷姿の統一、つまり在庫の規格化は、F-LINE の
ように共同事業体を立ちあげ、その参画メンバーで検討を進めながら標
準仕様を決定し、決められた標準仕様に各社が合わせていく方向が望ま
しい。では現時点で共同事業体における共同物流の検討などに参画して
いない企業は、将来を見据えて何をすべきか。本書では、将来実現が想
定される業界レベル、あるいは業種業界をまたいだ共同物流の仕組みに
参加するために、今から打てる手立てを説明する。在庫の規格化は、仮
に共同物流に参加しない場合でも、積載率の向上やそれに伴う配送コス
トの低減、保管コストの削減といったメリットも多く、各社とも積極的
に取り組むべきだ。

● 容器標準化の考え方

　昨今、DFL という考え方が注目されている。

　サプライチェーンロジスティクス研究所によると、「DFL とは Design
for logistics の略であり、物流・ロジスティクスを配慮した製品設計等
のことを言う。DFL はモノ自体の『運びやすさ』の改善等を通じ、物
流の効率化や生産性向上に繋がることから、近年、産業界で取り組みの
機運が高まっている。」としている（出典：サプライチェーンロジス
ティクス研究所、http://supply-chain.jp/?wpdmpro=dfl 実態調査結果
（概要版））。

　DFL の取り組みは様々なものがあるが、そのひとつが容器設計であ
る。容器設計に関しては、輸送、および保管効率化の実現に向けていく
つかのアプローチが考えられるが、筆者は、将来の共同物流を視野に、
様々な貨物を個別に扱うのではなく、パレットやコンテナなどの単位に
ユニット化することによって、物流機器を利用して荷扱いできるように

し、輸送や保管の効率を上げるユニットロードシステムの活用から検討すべきと考える。なぜなら、共同配送では、複数荷主から預けられた貨物を倉庫で配送エリア別に仕分けて各届け先に送ることになるため、できる限り貨物のユニット化を進め、トラックへの詰替え作業を少なくし、生産性を上げることが重要になるためである。

　貨物の種類により統一できる荷姿には限りがあるが、できる限りユニット化していく方向が重要である。共同配送の視点だけでなく、荷役作業の効率化という観点からもユニット化は有効と考える。

　貨物単位ではなく、ユニット単位で作業するため、作業負荷は低減する。これは第1節の「作業量が増加している物流の範囲／人手が不足している物流の範囲」で提示している当社独自試算の前提とも合致する。

　令和元年6月には、トラックドライバーの長時間労働是正と適正取引構築のため、改正貨物自動車運送事業輸送安全規則が施行され、車両総重量8トン以上又は最大積載量5トン以上のトラックに乗務した場合に、積込みや積み降ろしなどの付帯業務を実施したときは、業務記録の対象となった。業務記録を義務付けることで、ドライバーの拘束時間に関する基準の順守などを徹底することが目的であり、国としてもドライバーの荷役作業効率化に向けて取り組んでいることがわかる。

● （ユニット化の案）小型コンテナの活用

　輸送、荷役の効率化を目的としたユニット化のひとつの案として、小型コンテナの利用を推奨する。小型コンテナとはトレー、クレート、折り畳みコンテナなど、様々な呼称で呼ばれているが、複数の貨物をまとめて運ぶためのプラスチック容器である（**図表3-13**参照）。

　この小型コンテナを利用するメリットは大きく3つある。まず1つ目は、荷下ろし作業の負荷が軽減される点だ。複数の貨物がまとまっているので、荷下ろしの回数も減らすことができる上、台車での運搬も容易になる。2つ目に耐久性が優れている点だ。ダンボールに比べて段積み

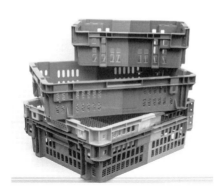

出典：物流クレート標準化協議会
URL：https://www.jpr.co.jp/topics/case/
std-crate.html

出典：株式会社ナンシン
URL：https://www.nansin.co.jp/product/
equipment/2332/

図表3-13　小型コンテナイメージ

しても箱が潰れたり、外装を傷つけ製商品を破損したりするリスクが低くなる。3つ目に、環境保全に繋がる点だ。開梱して不要になったダンボールはゴミとして排出されるが、プラスチック容器は使いまわすことができ、地球資源保護の観点からもメリットがある。

　荷姿をどう規格化するかは、検討が進められている共同物流の仕組みの中で決定されることになるが、個々の貨物レベルで規格に合わせるのではなく、複数貨物をまとめる小型コンテナレベルで規格に合わせるというのも方向のひとつとして考えられる。なお、小型コンテナの利用は、後述する通り、小型コンテナなどの資産（アセット）を管理する仕組みをどのように構築するかという議論を踏まえ、採否を判断することになる。

● （ユニット化の案）カゴ台車の活用
　貨物のユニット化の案として、カゴ台車利用も候補の一つとなるだろ

う。カゴ台車のメリットは、キャスターが付いており、重い貨物の移動も容易にできるため、高齢者や女性でも作業しやすく幅広い労働者に利用してもらえる点だ。その反面、台車の積み重ねができないためトラックの積載効率が下がるといったデメリットがある。最終的な目標として、荷姿は共同物流の仕組みで定められる規格に合わせていくという前提はあるものの、共同物流実現までの過渡期において、コストメリットを考慮の上、ひとつのオプションとして採用を検討してもいいだろう。

● 物流資産（アセット）の管理

　ここまで共同物流に向けたユニット化の重要性から、小型コンテナ、カゴ台車などの物流資産（アセット）の活用を推奨してきた。作業の生産性が向上する一方で、これらを活用するには、アセットの管理方法の確立が必須である。アセットを紛失しないよう管理しながら、同時にアセットの管理工数もできるだけ下げていくことが必要だ。アセットの管理機能は、一般的なWMSなどには組み込まれていないことが多く、Excelで管理しようとした結果、管理業務が煩雑になり、コスト増になってしまうといったケースも存在する。こうした事態を防ぐために、RFIDタグを活用した管理を推奨したい。

　RFIDタグは、個体管理ができるという大きな利点がある。RFIDタグを使えば、例えば各拠点における小型コンテナのリアルタイムでの在庫数・滞留日数、位置情報や移動履歴を把握することができ、紛失や流出のリスクも防止することができる。また、RFIDはバーコードのように一つずつスキャンする必要がなく、複数タグを一括同時読み取りすることも可能なため、アセット管理の工数を大幅に削減することができる。

　第1節で述べた通り、貨物の個口化が進み、配送先が増えている。複数荷主の貨物が中継地で仕分けられ、各届け先に配送される共同物流の仕組みでは、各荷主の荷物の移動履歴や位置情報を把握できる仕組みが

求められるだろう。このことからも、貨物のトレーサビリティも同時に
実現できるRFIDタグが搭載されたアセット管理は有効な手段といえ
る。

　繰り返しとなるが、在庫の規格化の最終目標は、ホワイト物流の実現
に大きく寄与する共同物流の仕組みに参加すること、つまり共同物流の
仕組みで決められた規格に合わせていくことがゴールとなる。将来的な
共同物流の仕組みへの参加を念頭に置きつつ、参加までの過渡期におい
て、企業が取り組むべき打ち手を説明してきたが、前述したゴールに向
けては、自社貨物の荷姿や倉庫、輸配送業務の運用を共同物流の規格に
合わせて柔軟に変更できることが重要になる。そのためには、「業務プ
ロセスの整備」で自社がどのような荷物を、どのような運用で運んでい
るのか見える化しておくこと、かつ「情報のデジタル化」で貨物に関す
る情報がデータとして管理され、必要に応じて参照、見直しができる環
境を整えておくことが不可欠である。3つの打ち手は、相互に密接に関
連しているのである。

6　ホワイト物流の行方

　ホワイト物流推進運動は「自主行動宣言」に基づく賛同表明であり、トラック運転者への時間外労働の上限規制の適用までの時限措置とされている。今後、期限とされる2024年には、「ホワイト物流推進運動」の成果が検証されるだろう。

　今まで物流業務はコストセンターと捉えられ、長らくコスト低減の対象でしかなかった。荷主が外部の物流事業者へ業務を委託している場合、物流業務の改善は委託先である物流事業者の自助努力によるものだと考えられてきた。そのような環境において、物流事業者は、コスト最優先の競争の中で小さな改善活動を積み重ね、人員確保・品質向上などの企業努力を続けてきたが、その対応は限界に達しつつある。

　しかし、昨今の人材不足において、大きなパラダイムシフトが起ころうとしている。これからはドライバーや物流業務に従事する労働者の希少価値は高くなり、その価値に比例して物流コストは上昇を続けることが想定される。

　今まで荷主は、数ある物流事業者の中からもっとも安いコストを提示する物流事業者を選定してきたが、これからは逆に、物流事業者が限られた人手で業務を行う中で、自社の労働者の労働環境に配慮してくれる、かつ将来の物流のあり方をともに模索していくパートナーシップを構築できる荷主を選んで取引するようになるだろう。まさに、荷主が物流事業者から選ばれる時代になる中で、荷主はより積極的に物流事業者の業務効率化、労働環境改善に協力し、ホワイト物流の進展を加速すべきである。

DXとグリーン

　近年、日本はもちろん、世界中で起こっているビジネス変革の大きな推進要因として「DX(デジタルトランスフォーメーション)」と「グリーン(環境への配慮)」があり、これらを経営戦略の中核と定める企業も多く出てきています。DXとグリーンは、日本型サステナブル・ロジスティクスの実現にも大きく関わるキーワードとなっています。

　従来、企業において物流は「荷物は届いて当たり前」、「物流はコストセンターに過ぎない」という観点で捉えられることが多かった領域です。経営戦略において物流領域が重要な位置を占めるという意識は薄く、それゆえに、物流領域におけるDXやグリーンへの対応も立ち遅れがちであるというのが現状です。

　ただし、物流領域におけるDXやグリーンへの対応が遅れている、DXやグリーンの取り組みが手つかずになっている部分が多くあるということは、言い換えると、DXやグリーンに対応することでビジネス変革を大きく飛躍させ、短期間で高い効果を得られる可能性が大きく残っているとも捉えられます。

　DXは、ホワイト物流における共同配送などの取り組みに大きく寄与するのみならず、データを活用した需給予測による生産最適化、原材料調達の適正化といった企業利益に直結する改善にも貢献します。また企業は今後、企業活動全体としてグリーンに取り組む姿勢がより一層求められ、グリーン物流も企業の他の領域・事業との関係性の中で効果を発揮する必要があります。つまり日本型サステナブル・ロジスティクスは、DXやグリーンを踏まえた経営戦略に基づく企業の統合的なアクションの一環として実行されることで、企業利益の増大やステークホルダーからの評価向上など、会社全体へ大きな効果をもたらすことができるのです。

　物流領域における日本型サステナブル・ロジスティクス実現に向けた取り組みを進めつつ、将来的に経営戦略のもとに物流領域の取り組みを統合する視点もまた重要なのです。

第 4 章
環境に負荷をかけない
グリーン物流

　地球温暖化などの環境問題に対して、物流の活動が大きな影響を与えている。4章ではグリーン物流が求められる背景について説明したうえで、脱炭素経営などグリーン物流に関連する考え方を整理する。

　さらに物流活動による環境負荷を少なくするためにどのようなことをするべきか、グリーン物流推進のポイントを見ていきたい。

1 グリーン物流とは何か

● グリーン物流とは何か

　グリーン物流とは環境への負荷が少ない物流であり、より具体的に述べると「二酸化炭素の排出や資源の使用が少ない物流」である。まず、この定義の背景について説明する。

　グリーン物流が必要とされる背景には、物流活動が環境に悪影響を与えているという問題意識がある。一般的に環境問題としては地球温暖化・大気汚染・海洋汚染・砂漠化・酸性雨・生物多様性の減少などが挙げられる。日本ロジスティクスシステム協会のグリーンロジスティクスガイドによれば、これらの環境問題の中でも物流の活動が大きな影響を与えているものは①地球温暖化、②資源の枯渇、③廃棄物による汚染の3つであるとされている。では、物流がこれらについてどのように影響を与えているのかを見ていこう。

①地球温暖化

　トラックなどの輸配送による二酸化炭素の排出などが「地球温暖化」に大きな影響を与えている。なお、トラックなどの輸配送が物流活動全体の二酸化炭素排出量に対し、どのくらい大きなインパクトをもっているのかについては後述する。

②資源の枯渇

　地球の有限資源である森林から作られる紙、原油から作られるプラスチックなどを原材料としている包装材・梱包材の使用は「資源の枯渇」に大きな影響を与えている。なお、日本産業規格（Japanese Industrial Standards：JIS）では梱包と包装を以下のように定義している。

　梱包：輸送を目的とした木製容器、鋼製容器、段ボール製容器などによる包装。荷造りと呼ぶこともある。

　包装：物品の輸送、保管、取引、使用などに当たって、その価値及び状態を維持するための適切な材料、容器、それらに物品を収納する作業並びにそれらを施す技術又は施した状態。

（出典：日本標準調査会　規格番号：JISZ0108、https://www.jisc.go.jp/app/jis/general/GnrJISSearch.html）

　また、包装は個装・内装・外装などの観点で分類されている。加えて、包装は外部の衝撃から商品を保護するだけではなく、包まれたものの情報を外部に伝えるための機能があると考えることができる。具体的に言うと商品を包む段ボール箱に添付され商品の情報を伝えるラベルなどが挙げられるだろう。

　物流における梱包材・包装材としては以下などが挙げられる。なお、（　　）内は各梱包材・包装材の原料となる地球の有限資源を記載する。

・段ボール箱（森林）
・木製のパレット（森林）
・プラスチック製のパレット（原油）
・緩衝材としての発砲スチロール（原油）
・緩衝材としてのエアークッション（原油）
・ラベル（原油）

　このように上記で示した梱包材・包装材などが「資源の枯渇」に大きな影響を与えていると考えることができる。

③廃棄物による汚染

　②資源の枯渇と同様に森林から作られる紙、原油から作られるプラス

チックなどを原材料としている梱包材・包装材の使用は「廃棄物による汚染」に大きな影響を与えている。なお、廃棄物による汚染の例としては、廃棄物を燃焼することによって発生するダイオキシンと呼ばれる毒性をもつ有害物質が空気中に放出されたのち、地上に落ち、土壌や水を汚染するものなどがある。

　さらに、廃棄物は企業の事業によって排出される「産業廃棄物」と産業廃棄物以外の「一般廃棄物」に大別され、それらの詳細区分を**図表4-1**に示す。より具体的内容を理解したい読者は「平成30年版　環境・循環型社会・生物多様性白書」を参照いただければと思う。

　図表4-1で示した廃棄物の区分の中でも身近な例として一般廃棄物の「一般ごみ（可燃ごみ、不燃ごみ等）」（以下、一般ごみ）に焦点をあて

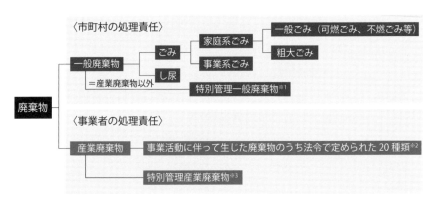

※1：一般廃棄物のうち、爆発性、毒性、感染性その他の人の健康又は生活環境に係る被害を生ずるおそれのあるもの。
※2：燃え殻、汚泥、廃油、廃酸、廃アルカリ、廃プラスチック類、紙くず、木くず、繊維くず、動植物性残渣（さ）、動物系固形不要物、ゴムくず、金属くず、ガラスくず、コンクリートくず及び陶磁器くず、鉱さい、がれき類、動物のふん尿、動物の死体、ばいじん、輸入された廃棄物、上記の産業廃棄物を処分するために処理したもの。
※3：産業廃棄物のうち、爆発性、毒性、感染性その他の人の健康又は生活環境に係る被害を生ずるおそれがあるもの。

図表4-1　廃棄物の区分
出典：環境省　「平成30年版　環境・循環型社会・生物多様性白書」

たい。なお、一般ごみとは一般家庭の日常生活から発生した廃棄物であり、その中には物流による廃棄物も含まれている。

　例えば、ECサイトで商品を購入したとしよう。その商品は配送される際に商品が壊れたり、傷ついたりしないように発泡スチロール・エアークッションなどが緩衝材として使用され、段ボール箱などによって包まれている。その商品が一般家庭の人々に届いたあと、発泡スチロール・エアークッション・段ボール箱などは最終的にごみとなる。そのごみが一般ごみである。

　近年、ECの市場規模拡大に伴い（**図表4-2**）、宅配便の取扱い個数が増加しており（**図表4-3**）、宅配便での緩衝材や段ボール箱の使用量が増加しているのは想像に難しくない。緩衝材や段ボール箱は最終的に一般ごみ（廃棄物）となるため、これらを少なくすることが「環境への負荷を少なくすること」という観点から、より一層求められるだろう。

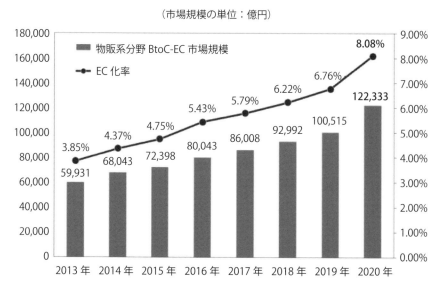

（市場規模の単位：億円）

図表4-2　EC市場規模の推移

出典：経済産業省「物販系分野のBtoC-EC市場規模及びEC化率の経年推移」

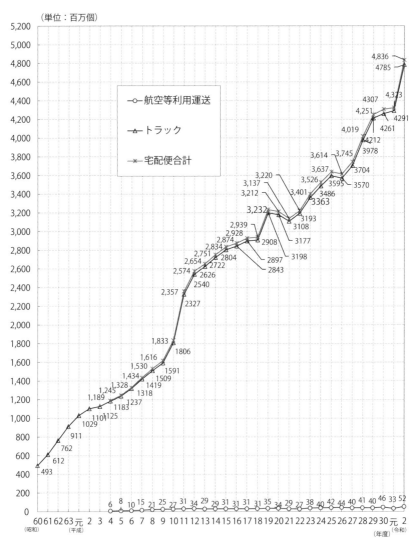

（単位：百万個）

（注1）平成 19 年度からゆうパック（日本郵便㈱）の実績が調査の対象となっている。
（注2）日本郵便㈱については、航空等利用運送事業に係る宅配便も含めトラック運送として集計している。
（注3）「ゆうパケット」は平成 28 年 9 月まではメール便として、10 月からは宅配便として集計している。
（注4）佐川急便㈱においては決算期の変更があったため、平成 29 年度は平成 29 年 3 月 21 日～平成 30 年 3 月
　　　 31 日（376 日分）で集計している。

図表 4-3　宅配便取扱個数の推移

出典：国土交通省　「令和 2 年度宅配便等取扱実績関係資料」

● 本書におけるグリ　ン物流の定義

　ここまで、どのような物流による環境への負荷が①地球温暖化・②資源の枯渇・③廃棄物による汚染に大きな影響を与えているのかを述べた。これらの内容を踏まえて、物流によって環境への大きな負荷を与えていると考えられる「二酸化炭素の排出」と「資源の使用」を少なくすることがグリーン物流の取り組みの重要な観点である。したがって、本書では「二酸化炭素の排出や資源の使用が少ない物流」をグリーン物流の定義とする。

● グリーン物流に関連するキーワード

　つづいて、グリーン物流に関連し混同しやすい①カーボンニュートラル、②脱炭素、③カーボンオフセット、④脱炭素経営の4つのキーワードについて説明する。なお、これらのキーワードは世の中で一意に定義されておらず、主体者や文脈などによって意味合いが多少変化するという認識である。そのため、本書ではどのような意味合いとして捉えているかについて言及する。

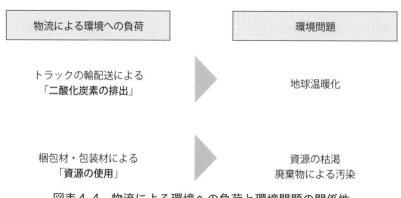

図表4-4　物流による環境への負荷と環境問題の関係性

①カーボンニュートラル

　カーボンニュートラルは温室効果ガスの排出が実質ゼロの状態であることを指す。実質ゼロとは、温室効果ガスの排出量と吸収量が均衡した状態である。気象庁によると、温室効果ガスとは二酸化炭素・メタン・一酸化炭素・フロンガスなどのガスの総称を指す。温室効果ガスの排出量の中でも二酸化炭素の排出量が大部分を占めるため、本書におけるグリーン物流では二酸化炭素の排出量を少なくするにはどうすればよいかという点に焦点を当てて考える。

　温室効果ガスの排出量がゼロの状態が究極の姿ではあるが、経済活動を行う限り、これらを実現するのは現時点では不可能であると考える。そのため、森林によって温室効果ガスの排出量の中でも大きな割合を占める二酸化炭素を吸収したり、人為的に二酸化炭素を除去したりすることで「実質ゼロ」の状態にすることを目指している。しかし、グリーン物流はこの「実質ゼロ」にする意味合いは含めず、水道で例えるならば「二酸化炭素の排出の蛇口を止める」ことによって、二酸化炭素の排出量を少なくすることに焦点をあてている。

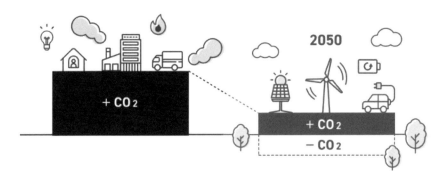

図表4-5　カーボンニュートラルのイメージ（図表右側）
出典：環境省　「カーボンニュートラルとは」

②脱炭素

脱炭素はカーボンニュートラルと同義であるため詳細は①を参照していただければと思う。

③カーボンオフセット

カーボンオフセットは、温室効果ガスの排出量と吸収量を均衡させるという本質の部分ではカーボンニュートラル（脱炭素）と変わらない。しかし、カーボンニュートラルがその「状態」を表す一方、カーボンオフセットはその「行為」を表しているという違いがある。カーボンオフセットとは、温室効果ガスの排出量と吸収量を均衡させることによって温室効果ガスの排出量を全体として実質ゼロにする、その行為を指す。

④脱炭素経営

脱炭素経営は文字通り「脱炭素」と「経営」が合わさった言葉であり、温室効果ガスの排出量を実質ゼロにすることを目指す経営という意味である。より詳細に述べると、地球温暖化などに伴う気候変動を意識した経営戦略の開示や、脱炭素に向けた目標設定とその達成を通じて、

グリーン物流の関連キーワード	本書における定義内容
①カーボンニュートラル	温室効果ガスの排出が実質ゼロの状態（温室効果ガスの排出量と吸収量が均衡した状態）
②脱炭素	（脱炭素は「①カーボンニュートラル」の定義内容と同じ）
③カーボンオフセット	温室効果ガスの排出量と吸収量を均衡させることによって、温室効果ガスの排出量を全体として実質ゼロにする、その行為
④脱炭素経営	温室効果ガスの排出量を実質ゼロにすることを目指す経営

図表4-6　グリーン物流の関連キーワードの本書における定義内容

温室効果ガスの排出量を実質ゼロにすることを目指す。

　経営戦略の中には人事戦略・生産戦略など様々な事業戦略があるが、その中の一つにロジスティクス戦略があり、そのロジスティクス戦略を考える上での一つの観点が「環境への負荷を少なくすること」である。グリーン物流は同じ観点をもっている。つまり、グリーン物流はロジスティクス戦略の一つの要素として脱炭素経営に貢献すると考えることができる。

● カーボンニュートラルの潮流

　今後、企業が脱炭素経営に注力する必要性が高まるだろう。2020年10月、第99代菅内閣総理大臣はカーボンニュートラルに関して所信表明演説で以下のように述べている。

　「我が国は、2050年までに、温室効果ガスの排出を全体としてゼロにする、すなわち2050年カーボンニュートラル、脱炭素社会の実現を目指すことを、ここに宣言いたします。」
（出典：首相官邸サイト　第203回国会における菅内閣総理大臣所信表明演説、https://www.kantei.go.jp/jp/99_suga/statement/2020/1026shoshinhyomei.html）

　日本政府としても本腰を入れてカーボンニュートラルに向けて取り組んでいくことを示している。今後、投資家・株主・行政・業界団体・取引先・顧客などのステークホルダーが企業に対してカーボンニュートラルを目指した活動をさらに強く求めるようになるだろう。このカーボンニュートラルの潮流に対して「追従し対応できている企業」と「追従できず対応できていない企業」では、企業競争力の観点で大きな差が生まれ、後者は市場から淘汰される可能性もある。

　例えば、ESG投資の考え方が世の中に浸透しつつあり、環境に配慮

していない企業は投資家からの評価が下がり、投資を得られない風潮が高まっている。なお、ESG投資とは第2章で述べた通り、従来の財務情報だけでなく環境（Environment）・社会（Social）・ガバナンス（Governance）の要素も考慮した投資のことを指す。世界最大級の資産運用会社であり数多くの大手日本企業の大株主となっている米国のブラックロックは2018年に投資先に対して以下のように警鐘を鳴らした。

「持続的に繁栄するためにも、すべての企業は、財務的業績を上げるだけではなく、どのように社会にプラスの貢献をするのかを示さなければいけない」
（出典：LETTER TO CEO 2018 A Sense of Purpose、https://www.blackrock.com/jp/individual/ja/about-us/ceo-letter/archives/2018）

このようにカーボンニュートラルの潮流をリスクとしてネガティブに捉えることもできるが、一方で他社との差別化を図る機会（チャンス）としてポジティブに捉えることもできる。例えば環境問題への対策に取り組むことで、ESG投資に取り組む投資家から優先的に投資を受けられるようになる可能性もある。筆者としては、グリーン物流の取り組みも同様に「チャンス」というポジティブなこととして捉えており、読者においても前向きに捉えてもらいたいと考えている。

● 日本型サステナブル・ロジスティクスにおけるグリーン物流の重要性
前述のとおり、日本型サステナブル・ロジスティクスとは「日本国内の企業や物流に関係する人々が将来の世代のニーズを満たしつつ、現在の世代のニーズも満たせるように物流に関連する活動を包括的に管理すること」である。「包括的に管理すること」に関して、特にグリーン物流に焦点を当てた場合に重要なのは、環境への負荷を適正に管理していくための手法の一つであるPDCAサイクルを理解・活用しながらグ

リーン物流の活動を包括的に管理することであり、それによって二酸化炭素排出量の算定精度を向上させることだと考える。PDCAサイクルと二酸化炭素排出量算定の詳細については後述する。

　日本型サステナブル・ロジスティクスの目的の一つは、物流を通じて「持続可能な社会の実現への貢献」を行うことだ。この目的に向けて障壁の一つとなるのが地球温暖化・資源の枯渇・廃棄物による汚染などの環境問題である。これらの環境問題への対応として、環境への負荷を少なくすることを目的としたグリーン物流の取り組みが必要不可欠となる。その理由について述べる前に、日本の各部門における二酸化炭素排出量について説明したい（**図表4-7**）。

　図表4-7は日本の温室効果ガスインベントリオフィスの「日本の温室

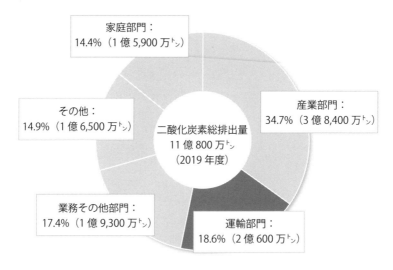

家庭部門：
14.4%（1億5,900万トン）

その他：
14.9%（1億6,500万トン）

産業部門：
34.7%（3億8,400万トン）

二酸化炭素総排出量
11億800万トン
（2019年度）

業務その他部門：
17.4%（1億9,300万トン）

運輸部門：
18.6%（2億600万トン）

※端数処理の関係上、合計の数値が一致しない場合がある。
※電気事業者の発電に伴う排出量、熱供給事業者の熱発生に伴う排出量は、それぞれの消費量に応じて最終需要部門に配分。
※二輪車は2015年度確報値までは「業務その他部門」に含まれていたが、2016年度確報値から独立項目として運輸部門に算定。

図表4-7　日本の各部門における二酸化炭素排出量
出典：「運輸部門における二酸化炭素排出量」（国土交通省）を加工して作成
URL：https://www.mlit.go.jp/sogoseisaku/environment/sosei_environment_tk_000007.html

効果ガス排出量データ（1990〜2019年度）確報値」をもとに国土交通省が作成したものだ。温室効果ガスインベントリオフィスとは2002年7月に国立環境研究所の地球環境研究センターに設立された組織であり、温室効果ガスインベントリの作成や関連調査などを行っている。環境省は温室効果ガスインベントリに関して以下のように説明している。

「インベントリとは、一定期間内に特定の物質がどの排出源・吸収源からどの程度排出・吸収されたかを示す一覧表のことです。気候変動・地球温暖化の文脈では、一国が1年間に排出・吸収する温室効果ガスの量を取りまとめたデータのことを、一般的に「温室効果ガスインベントリ（Greenhouse Gas Inventory）」と呼んでいます。温室効果ガスインベントリは、世界全体や各国における温室効果ガス排出量を把握するために作成されています。」
（出典：温室効果ガスインベントリの概要、https://www.env.go.jp/earth/ondanka/ghg-mrv/overview.html#）

図表4-7の円グラフでは5つの各部門の二酸化炭素排出量の割合を示している。

・産業部門
・運輸部門
・業務その他部門
・その他
・家庭部門

各部門の定義・概要に関しては全国地球温暖化防止活動推進センターによると「2007度版総合エネルギー統計（資源エネルギー庁長官官房総合政策課編）」を引用して考えられているため、詳しく理解したい読

者は全国地球温暖化防止活動推進センターのサイトの「二酸化炭素の部門別排出量の「部門」について」を参照いただければと思う。なお、全国地球温暖化防止活動推進センターとは地球温暖化対策に関する普及啓発を行うことなどにより、地球温暖化防止に寄与する活動の促進を図ることを目的として設立されたものである。今回、焦点をあてたい「運輸部門」の概要は以下である。

「運輸部門とは、最終エネルギー消費のうち、企業・家計が住宅・工場・事業所の外部で人・物の輸送・運搬に消費したエネルギーを表現する部門をいう。」
(出典：二酸化炭素の部門別排出量の「部門」について、https://www.jccca.org/faq/15954)
なお、「最終エネルギー消費」の内容は以下である。

「産業部門、民生部門、運輸部門などの各部門で実際に消費されたエネルギーの量を意味するもの。エネルギーは一般的に、産出されたままの形で使用される一次エネルギーと電力やガソリンのように加工・転換され使用される二次エネルギーに大別されるが、最終エネルギー消費とは、これら双方のエネルギー消費を合わせたものということになる。一方、電力、石油精製など加工・転換の過程で消費されたエネルギーは、これとは別にエネルギー転換部門として集計されている。」
(出典：最終エネルギー消費、https://www.erca.go.jp/yobou/taiki/yougo/kw58.html)
前置きが長くなってしまったが図表4-7に関するこれらの前提を踏まえて、前述で以下のように述べた理由について説明したい。

「日本型サステナブル・ロジスティクスの目的の一つは、物流を通じて「持続可能な社会の実現への貢献」を行うことだ。この目的に向けて

障壁の一つとなるのが地球温暖化・資源の枯渇・廃棄物による汚染など
の環境問題である。これらの環境問題への対応として、環境への負荷を
少なくすることを目的としたグリーン物流の取り組みが必要不可欠とな
る」。

　その理由とは図表4-7で示した5つの部門の二酸化炭素排出量の合計
値を全体とした時に、運輸部門の二酸化炭素排出の割合は18.6％であ
り、このまま運輸部門で二酸化炭素を排出し続けると、環境問題はさら
に悪化し、持続可能な社会を保つことが難しくなると考えるためだ。
　したがって、二酸化炭素の排出量を少なくすることによって環境への
負荷を少なくすることに貢献するグリーン物流は日本型サステナブル・
ロジスティクスの目的を果たすために必要不可欠な構成要素の一つなの
である。

2 グリーン物流を取り巻く動き

● 地球温暖化に対するこれまでの主要な対策動向

環境問題には前述のとおり様々なものがあるが、今回はグリーン物流が必要となっている背景として大きな課題と考えられる地球温暖化に焦点を当て、それに対する「世界の対策動向」と「日本の対策動向」について述べる。

地球温暖化に対する「世界の対策動向」を踏まえて日本政府が何をしてきたのか。また、今後何を目標にして何をしようとしているのか。そして、その目標に向けた「日本の対策動向」に関して企業としてはどのようなことを考え行動していくべきかについて、考える一助になれば幸いである。

なお、地球温暖化に対する世界の対策動向と日本の対策動向はすでに各所で情報が整理されているが、専門的な用語が多いため理解が難しいと感じられた読者も多いのではないだろうか。そのため、ここでは「地球温暖化に対する7つの対策動向」（**図表4-8**）として3つの世界の対策動向と4つの日本の対策動向の概要について解説する。特に最後に説明する地球温暖化対策計画は、グリーン物流の取り組みの方向性を検討するうえで非常に参考になる。

この地球温暖化対策計画では、「2030年度において、温室効果ガスを2013年度から46%削減することを目指す」という日本の温室効果ガス削減目標が述べられており、図表4-7で示した運輸部門における対策・施策も記載されている。

分類	No	地球温暖化に対する7つの対策動向
世界の対策動向	1	気候変動に関する国際連合枠組条約
	2	京都議定書　※COP3[注1]で採択されたもの
	3	パリ協定　※COP21[注1]で採択されたもの
日本の対策動向	4	地球温暖化対策の推進に関する法律
	5	日本のNDC[注2]
	6	パリ協定に基づく成長戦略としての長期戦略
	7	地球温暖化対策計画

（注1）
COPとは気候変動枠組条約の加盟国によって行われる締約国会議（Conference Of the Parties）の英語表記の頭文字をとって略称されたものである。
　　→京都議定書が採択されたCOPは第3回目に開催された。そのため、COP3と略称される。
　　→パリ協定が採択されたCOPは第21回目に開催された。そのため、COP21と略称される。
（注2）
・日本のNDCの「NDC」とはNationally Determined Contributionの略称であり、「国が決定する貢献」と日本語訳される。

図表4-8　地球温暖化に対する7つの対策動向

● 世界の対策動向

・気候変動に関する国際連合枠組条約（図表4-8　No1）

　地球温暖化対策の動向を語るうえでもっとも重要と言っても過言ではないのが気候変動に関する国際連合枠組条約（以下、気候変動枠組条約）である。この気候変動枠組条約は地球温暖化に対する対策の礎であり、1992年6月のリオデジャネイロ（ブラジル）で開催された地球サミットで各国の署名が開始され、1994年3月に発効した。197カ国・地域が締結（締約）している。全国地球温暖化防止活動推進センターは気候変動枠組条約の概要について以下のように述べている。

　「大気中の温室効果ガスの濃度の安定化を究極的な目的とし、地球温暖化がもたらす様々な悪影響を防止するための国際的な枠組みを定めた条約で、1994年3月に発効しました。温室効果ガスの排出・吸収の目

録、温暖化対策の国別計画の策定等を締約国の義務としています。」
（出典：気候変動枠組条約、https://www.jccca.org/global-warming/trend-world/unfccc）

　なお、温室効果ガスの濃度の安定化とは地球全体の温室効果ガスの「人為的な排出量（工業に伴う二酸化炭素の排出など）」と「自然による吸収量（森林による二酸化炭素の吸収など）」の均衡がとれた状態を指すとされている。

　地球温暖化に対して気候変動枠組条約がもつ意義は大きいが、地球温暖化への対策に関する概念的な内容にとどまっているため、誰が、いつまでに、何を、どのようにしなければならないかについて定める必要があった。そこで定められたのが京都議定書である。

・京都議定書（図表4-8　No2）
　京都議定書は気候変動枠組条約の加盟国によって行われる締約国会議（Conference Of the Parties）の第3回目の会議で定められたものであり、この会議はCOP3と呼ばれ、COPはConference Of the Partiesの頭文字、3は第3回目であることを指す。地球温暖化に対する対策動向の情報を見る時にこのCOPという言葉は頻出するため、おさえておいてほしい。

　ちなみに、COP1は1995年にベルリン（ドイツ）、COP3は1997年に京都（日本）で開催されており、直近ではCOP26が2021年にグラスゴー（英国）で実施された。今まで開催されたCOPの開催地および概要について参照したい読者は外務省のサイトの「国連交渉（COP、CMP、CMA、SB）」をご覧いただければと思う。

　COP3で採択された京都議定書の概要について、全国地球温暖化防止活動推進センターは以下のように述べている。

　「京都議定書では、先進国の温室効果ガス排出量について、法的拘束力のある数値目標が各国ごとに設定されました。先進国全体で、2008年から2012年までの約束期間に、削減基準年の排出量から5.2％削減することが約束されました。我が国は6％の削減を約束しています。」
（出典：京都議定書の概要、https://www.jccca.org/cop/kyo01）

　約束期間とは京都議定書で定められた目標期間であり、第一約束期間と第二約束期間がある。上記の全国地球温暖化防止活動推進センターのサイトの「京都議定書の概要」で示されているのは、第一約束期間の削減目標である。

　　第一約束期間：2008年から2012年
　　第二約束期間：2013年から2020年

　環境省によると、削減基準年の排出量は原則として1990年の温室効果ガスの排出量を用いるが、以下3つの温室効果ガスについては1995年の排出量を用いてもよいと京都議定書で定められている。なお、日本は以下3つの温室効果ガスの排出量については1995年の排出量を用いている。

　　①HFCs（ハイドロフルオロカーボン）
　　②PFCs（パーフルオロカーボン）
　　③SF6（六フッ化硫黄）

　このように京都議定書の第一約束期間の削減目標が定められ、その目標達成に向けて以下3つで構成される「京都メカニズム」と呼ばれる国際的な枠組みが整備された。

　　①共同実施
　　②クリーン開発メカニズム
　　③排出量取引

　なお、第二約束期間の削減目標については2005年から検討を開始することが京都議定書で決められていた。しかし、実際に検討が開始されると先進国と途上国の間で議論が紛糾した。その背景に関して、公益財団

法人世界自然保護基金ジャパンは以下のように述べている。

・京都議定書の採択時以降、世界の情勢も大きく変わり、世界の排出量を見ても、将来的には中国やインドといった途上国の排出量が大きくなっていくことが予想されるようになりました。
・そのため、2013年以降は途上国にもなんらかの取り組みを求める声が高まっていました。しかし、京都議定書の中で目標を持った先進国の取り組みも決して順調とはいえず、ましてや、世界第一の排出国である米国が抜け出てしまっている状態で、途上国に対して先進国が取り組みを要求するというのも極めて難しく、「2013年以降」へ向けた交渉は、テーブルにつく段階から問題が山積みの状態でした。

（出典：京都議定書とは？合意内容とその後について、https://www.wwf.or.jp/activities/basicinfo/3536.html）

　上記の背景もあり、先進国と途上国間の議論が紛糾し、各国の足並みを揃えることが難しかった。ここまで述べた京都議定書における第二約束期間の削減目標に向けた先進国と途上国の議論の経緯などを踏まえて練られたのがパリ協定である。

・パリ協定（図表4-8　No3）
　京都議定書の後継として2015年にパリ（フランス）で開催されたCOP21で採択されたパリ協定の概要について、全国地球温暖化防止活動推進センターは以下のように述べている。

・歴史上はじめて、気候変動枠組条約に加盟する196カ国すべての国が削減目標・行動をもって参加することをルール化した公平な合意である。
・すべての国が、長期の温室効果ガス低排出開発戦略を策定・提出する

よう努めるべきとしている。

・世界共通の長期目標として、「世界的な平均気温上昇を産業革命以前に比べて2℃より十分低く保つとともに、1.5℃に抑える努力を追求すること」が掲げられている。

・長期目標の達成に向け、2023年以降、5年ごとに世界全体の進捗を確認する（グローバルストックテイク）。

・また、「今世紀後半には、温室効果ガスの人為的な排出と吸収源による除去の均衡を達成するよう、排出ピークをできるだけ早期に迎え、最新の科学に従って急激に削減すること」が世界全体の目標として掲げられている。

（出典：パリ協定、https://www.jccca.org/global-warming/trend-world/paris_agreement）

　京都議定書とパリ協定の主な違いは3つある。（**図表4-9**）

①対象の時期

　京都議定書では第一約束期間が開始された2008年から第二約束期間が終了する2020年までが対象の時期である。一方、パリ協定では京都議定書に代わる2020年以降が対象の時期である。

②対象の国

　京都議定書では先進国のみが対象国である。一方、パリ協定では途上

項目	京都議定書 （COP3で採択）	パリ協定 （COP21で採択）
①対象の時期	2008年〜2020年	2020年以降
②対象の国	先進国のみ	加盟国すべて
③義務	目標の達成 （罰則の規定あり）	目標の提出 （目標の達成は義務ではない）

図表4-9　京都議定書とパリ協定の主な違い

国を含む加盟国すべてが対象国である。

③義務

　京都議定書では目標の達成が義務である（罰則あり）。一方、パリ協定は目標の提出が義務である。

　これらの京都議定書とパリ協定の主な違い、言い方を変えると京都議定書からパリ協定への変更点に対して、反対意見も含めた様々な議論が取り交わされたが、地球温暖化への対策を世界レベルで推進していくにあたって様々な利害関係をもつ各国が同意できたパリ協定は非常に意義の大きいものだと考える。

　続いて、京都議定書やパリ協定などの世界の対策動向を受けての日本の対策動向について理解を深めていこう。

● **日本の対策動向**

　・地球温暖化対策の推進に関する法律（図表4-8　No4）

　世界的な枠組みである京都議定書の内容を受けて、1998年に地球温暖化の防止を目的とする日本初の法制度である「地球温暖化対策の推進に関する法律」（以下、温対法）が成立し、それ以降7回改正された。

　前述のとおり、2020年10月、第99代菅内閣総理大臣が「日本は2050年までにカーボンニュートラルを目指す」旨を宣言したが、温対法はこの内容を踏まえて2021年に第7回目の改正が行われた。改正された主な内容は以下の通りである。

・パリ協定・2050年カーボンニュートラル宣言等を踏まえた基本理念の新設
・地域の再生エネルギーを活用した脱炭素化を促進する事業を推進するための計画・認定制度の創設
・脱炭素経営の促進に向けた企業の排出量情報のデジタル化・オープンデータ化の推進等

（出典：地球温暖化対策の推進に関する法律の一部を改正する法律案の
閣議決定について、https://www.env.go.jp/press/109218.html）
　また、すでにご存知の読者が多いと思われるが、温対法に基づき「温
室効果ガス排出量算定・報告・公表制度（以下、算定・報告・公表制
度）」が2006年に定められ、温室効果ガスを多量に排出する者（特定排
出者）に、自らの温室効果ガスの排出量を算定し国に報告することが義
務付けられている。なお、経済産業省はこの算定・報告・公表制度の概
要について以下のように示している。

　「温室効果ガスの排出者自らが排出量を算定することにより、自らの
排出実態を認識し、自主的取り組みのための基盤を確立するとともに、
排出量の情報を可視化することにより、国民・事業者全般の自主的取り
組みを促進し、その気運を高めることを目指すもの」
（出典：温室効果ガス排出量算定・報告・公表制度に基づく平成30
（2018）年度温室効果ガス排出量の集計結果を取りまとめました、https://
www.meti.go.jp/press/2021/03/20220318005/20220318005.html）
　後述するがグリーン物流を推進していくにあたっては二酸化炭素排出
量を可視化し管理することは重要な要素であり、算定・報告・公表制度
によって具体的な温室効果ガス排出量の算定方法が整備されたことはグ
リーン物流の取り組みを適切に管理・推進していく意味でも大きな意義
をもつ。
　また脱炭素経営に向けた取り組みの一環として、自社の領域に留まら
ず取引先の領域も含めたサプライチェーン上の排出量を算定する動きが
あるが、一部の範囲についてはこの算定・報告・公表制度を利用できる
ため、今後、サプライチェーン排出量を算定する必要がある読者はこの
算定・報告・公表制度をおさえておいて損はないだろう。なお、サプラ
イチェーン排出量の算定に関しては後述する。

・日本のNDC（図表4-8　No5）

　国内における地球温暖化対策を推進するための枠組みである温対法や昨今の地球温暖化への世界の対策動向を踏まえて決定されたのが日本のNDC（国が決定する貢献）であり、温室効果ガスの排出削減目標を設定することを目的としている。日本のNDCは前述のパリ協定ですべての国が温室効果ガスの排出削減目標を「国が決定する貢献（Nationally Determined Contribution）」として国連に提出するように義務付けられたことにより策定されたものである。

　地球温暖化対策推進本部によると、日本のNDCで定めた温室効果ガス削減目標は以下のとおりである。

　「2050年カーボンニュートラルと整合的で、野心的な目標として、我が国は、2030年度において、温室効果ガスを2013年度から46％削減することを目指す。さらに、50％の高みに向け、挑戦を続けていく」
（出典：日本のNDC（国が決定する貢献）、https://www.env.go.jp/press/110060/116985.pdf）

　運輸部門としては、二酸化炭素（エネルギー起源の二酸化炭素）の排出量を224百万 t-CO_2（2013年度）から146百万 t-CO_2（2030年度）に削減する目標を掲げている。なお、2019年度の CO_2 の排出量は図表4-7で示したとおり、206百万 t-CO_2（2億600万 t-CO_2）である。

　これらを踏まえると、**図表4-10**に示したとおり、2013年度から2019年度までの7年度の期間で18百万 t-CO_2 の排出量の削減をしており、「年度平均で2.5百万 t-CO_2 の排出量の削減（図表4-10の①）」をしていることになる。

　一方で、日本のNDCでは2019年度から2030年度までの12年度の期間で60百万 t-CO_2 の排出量の削減をすることを掲げており、「年度平均で5百万 t-CO_2 の排出量の削減（図表4-10の②）」をすることが必要となる。

（単位：百万 t-CO₂）

図表4-10　運輸部門のエネルギー起源の二酸化炭素の排出量の実績値と目標値（2103年度、2019年度、2030年度）

出典：地球温暖化対策推進本部　「日本のNDC（国が決定する貢献）」、国土交通省　「運輸部門における二酸化炭素排出量」上記2つを加工して作成
URL：https://www.env.go.jp/press/110060/116985.pdf、https://www.mlit.go.jp/sogoseisaku/environment/sosei_environment_tk_000007.html

　このことから、日本のNDCで2030年度の二酸化炭素の排出量を146百万 t-CO₂を目標値として設定したことは、日本政府が挑戦的な目標を掲げたことを意味すると考える。

　なお、「エネルギー起源の二酸化炭素」とは運輸や産業、家庭などで化石燃料をエネルギー源として使用する際に発生する二酸化炭素や、供給された電気や熱の使用により発生する二酸化炭素を指すとされている。参考までに「エネルギー起源でない二酸化炭素」の例として、セメントの生産の際に化学反応で発生する二酸化炭素などがあるとされている。

　今後、前述の温室効果ガスの削減目標などを達成するべく関連法規制の強化や支援策の整備などの政府の動きが強まっていく可能性が考えられる。企業としてはその変化をすぐに察知し柔軟に対応していくことが求められるため、グリーン物流の取り組みを考えるにあたっても政府の動きを察知し対応することが重要な観点である。

・パリ協定に基づく成長戦略としての長期戦略（図表4-8　No6）

前述の日本のNDCでは2030年度までの目標を定めている一方、2021年10月22日に閣議決定された「パリ協定に基づく成長戦略としての長期戦略」（以下、長期戦略）ではより長期的な視点として2050年のカーボンニュートラル実現に向けた活動に焦点をあてている。この「長期戦略」の基本的な考え方は以下の通りである。

　「地球温暖化対策は経済成長の制約ではなく、経済社会を大きく変革し、投資を促し、生産性を向上させ、産業構造の大転換と力強い成長を生み出す、その鍵となるもの。」
（出典：パリ協定に基づく成長戦略としての長期戦略、https://www.env.go.jp/earth/chokisenryaku/mat05.pdf）
　また、温室効果ガスの排出削減対策のビジョンや施策の方向性を以下4つの部門に分けて記載しており、各部門の概要は以下の通りである。
①エネルギー
　再エネ最優先原則、徹底した省エネ、電源の脱炭素化／可能なものは電化水素、アンモニア、原子力などあらゆる選択肢を追求。
②産業
　徹底した省エネ、熱や製造プロセスの脱炭素化。
③運輸
　2035年乗用車新車は電動車100％、電動車と社会システムの連携・融合。
④地域・暮らし
　地域課題の解決・強靱で活力ある社会、地域脱炭素に向け家庭は脱炭素エネルギーを作って消費。
（出典：パリ協定に基づく成長戦略としての長期戦略、https://www.env.go.jp/earth/chokisenryaku/mat05.pdf）
　そして、「③運輸」では以下11個の施策の方向性を示している。

③-1　電動車等を活用した交通・物流サービスの推進

③-2　自動車の電動化に対応した都市・道路インフラの社会実装の推進

③-3　電動車を活用した災害時等の電力供給機能の強化

③-4　ソフト・ハード両面からの道路交通流対策

③-5　公共交通、自転車の利用促進

③-6　グリーン物流の推進

③-7　鉄道の脱炭素化

③-8　船舶の脱炭素化

③-9　航空の脱炭素化

③-10　気候変動リスクに対応した交通・物流システムの強靱化

③-11　カーボンニュートラルポート（CNP）の形成の推進

（出典：パリ協定に基づく成長戦略としての長期戦略、https://www.env.go.jp/earth/chokisenryaku/mat04.pdf）

　「③-11　カーボンニュートラルポート（CNP）の形成の推進」の CNP は Carbon Neutral Port の頭文字をとったものである。

　企業として環境への負荷を少なくすることを考える際に参考になり得る施策の方向性を特に示しているのは「③-6　グリーン物流の推進」であり、その内容は以下である。

　「物流 DX を通じたトラック積載効率の向上、輸送ルートの最適化、需給マッチングなど、サプライチェーン全体の輸送効率化・省エネ化を推進するとともに、共同輸配送システムの構築、宅配便再配達の削減等により、トラック輸送の効率化を推進する。また、物流施設の低炭素化やドローン物流の実用化、モーダルシフトの更なる推進等を図る。」

（出典：パリ協定に基づく成長戦略としての長期戦略、https://www.env.go.jp/earth/chokisenryaku/mat04.pdf）

　このように、長期戦略は大きく輸送領域と物流施設領域の観点でそれ

ぞれの注目している施策の方向性を示している。

・地球温暖化対策計画（図表4-8　No7）
　環境省によると、地球温暖化対策計画は「地球温暖化対策推進法に基づく政府の総合計画」として2016年に制定されたものである。そして、前述の日本のNDCやパリ協定に基づく成長戦略としての長期戦略などを踏まえて、2021年10月に改訂された。運輸部門の取り組みの大きな観点としては、以下10個が記載されている。

①産業界における自主的取り組みの推進
②自動車単体対策
③道路交通流対策
④脱炭素型ライフスタイルへの転換
⑤環境に配慮した自動車使用等の促進による自動車運送事業等のグリーン化
⑥公共交通機関及び自転車の利用促進
⑦鉄道、船舶、航空機の対策
⑧脱炭素物流の推進
⑨電気・熱・移動のセクターカップリングの促進
⑩その他対策・施策
（出典：地球温暖化対策計画、http://www.env.go.jp/earth/211022/mat01.pdf）

　ここでは「⑧脱炭素物流の推進」について深堀する。この「⑧脱炭素物流の推進」の中では脱炭素物流に向けた様々な取り組みが記載されているが本書では政府の動きの一つであるグリーン物流パートナーシップ会議について紹介したい。
　グリーン物流パートナーシップ会議の名称の「グリーン物流」は、グ

リーン物流パートナーシップ会議のサイトに掲載されている環境教育冊子「グリーン物流ってなんだろう？」を踏まえると、モーダルシフト・エコドライブ、そしてReduce（リデュース）・Reuse（リユース）・Recycle（リサイクル）の3Rの概念を意識した取り組みなどの「環境にやさしい物流」と捉えることができると考える。

　このグリーン物流パートナーシップ会議は荷主企業・物流事業者・行政などの会員企業・団体で構成される「組織」であり、経済産業省や国土交通省などによって運営される。これは荷主企業や物流事業者が一企業単独では困難なグリーン物流を実現させるため、産業横断的に協力を図りパートナーシップを築くことで、グリーン物流を進めていこうとするものである。

　なお、グリーン物流パートナーシップ会議では文字通り、定期的に「会議」を開催しており、パネルディスカッションや優良事例の紹介、優良事業者への表彰などを実施している。その表彰の項目については以下7つがある。

①国土交通大臣表彰
②経済産業大臣表彰
③国土交通省公共交通・物流政策審議官表彰
④経済産業省商務・サービス審議官表彰
⑤物流DX・標準化表彰
⑥物流構造改革表彰
⑦グリーン物流パートナーシップ会議特別賞

　なお、グリーン物流パートナーシップ会議によって表彰された優良事例は事例集としてまとめてあり、グリーン物流パートナーシップ会議のサイトで参照することができる。また、以下5つのカテゴリごとに優良事例を参照できるため、興味のある、もしくは今後取り組んでいかなけ

ればならないカテゴリについて、様々な視点を踏まえて自社の取り組み
がどうあるべきかについて考えることができるだろう。

①ITシステムの構築
②拠点集約、共同輸配送
③電子タグ活用
④モーダルシフト
⑤低公害車の導入、帰り荷活用等
（出典：グリーン物流パートナーシップ、https://www.greenpartnership.
jp/）

　また、グリーン物流パートナーシップ会議の参加者を対象にした
Webアンケート調査の回答結果をグリーン物流パートナーシップ会議
のサイトで参照することができ、グリーン物流に向けた企業の取り組み
テーマの傾向などがわかる。
　参考までに「令和3年度（第20回）グリーン物流パートナーシップ会
議参加者アンケート調査結果」の一部を**図表4-11**に示す。ぜひ、参考
にしてみてはいかがだろうか。

　ここまで、グリーン物流に取り組む意義・背景を理解していただくた
め、地球温暖化に対する対策動向の中の一つとして、地球温暖化対策計
画について述べた。
　今後、気候変動枠組条約を基にしたCOP（締約国会議）での地球温
暖化に対する世界の対策動向や2050年のカーボンニュートラルに向け
た日本政府の総合計画である地球温暖化対策計画などの日本の対策動向
に注視しながら、関連法規制や支援策などに関する政府の動向を把握し
ていくことがグリーン物流に取り組むうえで企業にとって重要な視点で
あると考える。

Q：現在取り組んでいるグリーン物流並びに物流の生産性向上のテーマ（複数回答可）

取組中のテーマ	回答者数（N＝27） ※複数回答可	回答割合（%）
輸送ルート・輸送手段の工夫	13	48.1 %
モーダルシフト	19	70.4 %
共同輸配送	14	51.9 %
帰り荷確保（帰り便活用）	9	33.3 %
待ち時間の削減	4	14.8 %
標準化（パレット、情報システムなど）	4	14.8 %
機械化・自動化	6	22.2 %
拠点集約	4	14.8 %
取引条件（ロット、リードタイム、JIT、頻度など）の見直し	2	7.4 %
ペーパーレス	5	18.5 %
一貫パレチゼーション	3	11.1 %
エコドライブ	4	14.8 %
バース予約システム	2	7.4 %
マッチングシステム	4	14.8 %
環境優良車の導入	1	3.7 %
貨客混載の活用	0	0 %
検品レス	1	3.7 %
電子タグの活用	1	3.7 %
特になし	4	14.8 %
その他（具体的に）	2	7.4 %

その他（主な自由記述）：「総合効率化計画認定による特定流通業務施設の建設協力」、「コンテナ積載率向上」

図表4-11　令和3年度（第20回）グリーン物流パートナーシップ会議 参加者アンケート調査結果の一部

出典：グリーン物流パートナーシップ会議　「令和3年度（第20回）「グリーン物流パートナーシップ会議」参加者アンケート調査結果」

● グリーン物流と脱炭素経営

グリーン物流を取り巻く動きとして地球温暖化対策に続き脱炭素経営の観点で深堀りしていきたい。グリーン物流をより理解するうえで脱炭素経営に関して言及する必要があるのは、グリーン物流は物流部門における脱炭素経営だと言えるからだ。

前述のとおり、2050年のカーボンニュートラルの実現に向けて日本政府の動向は活発化しており、企業の脱炭素経営の機運もさらに高まっている状況である。別の言い方をするならば、企業が活動をするうえでの利害関係者である投資家・株主・行政・業界団体・取引先・顧客などのステークホルダーから信頼を得るには、環境に配慮した経営をしていることが重要となり、そしてその中の一つの要素である物流領域の取り組みとしてグリーン物流を推進していく必要がある。

この潮流を日本企業が特に敏感に察知していることが、SBT（Science Based Targets）・TCFD（Task Force on Climate-related Financial Disclosures）・RE100（Renewable Energy 100 %）などの脱炭素経営に向けた枠組みの認定数・賛同数・参加数からうかがえる（**図表4-12**）。

環境省によると、2022年3月31日時点での日本の認定数・賛同数・参加数の世界ランキングはSBTが世界第3位、TCFDが世界第1位、RE100が世界第2位である。他社と差別化を図ることができ、新たな取引先やビジネスチャンスの獲得に結びつくものとしてこれらの枠組みを活用して脱炭素経営に取り組む動きがさらに進展していくと考えられる。

本書では、上記3つを含めて脱炭素経営に向けた様々な枠組みがある中でSBTに焦点をあてたい。なぜなら、後述のとおりSBTでは企業のサプライチェーンにおける温室効果ガス排出量を算定し、削減目標を定めることを求めており、他のTCFDやRE100と比較した時にグリーン物流の取り組みによる効果がピンポイントで反映されると考えることができるためだ。

脱炭素経営に向けた枠組み		概要	各枠組に対する日本の認定数・賛同数・参加数の世界ランキング（2022年3月31日時点）
SBT	Science Based Targets	企業の科学的な中長期の目標設定を促す枠組み	世界第3位（日本：173社）
TCFD	Task Force on Climate-related Financial Disclosures	企業の気候変動への取組、影響に関する情報を開示する枠組み	世界第1位（日本：757機関）
RE100	Renewable Energy 100％	企業が事業活動に必要な電力100％を再エネで賄うことを目指す枠組み	世界第2位（日本：66社）

図表4-12　脱炭素経営に向けた枠組みについて
出典：環境省 「脱炭素経営に向けた取組の広がり」を加工して作成
URL：http://www.env.go.jp/earth/datsutansokeiei.html

● SBT

　SBT（Science Based Targets）はそのまま訳すと「科学ベースの目標」であり、パリ協定が定める削減目標と整合した世界共通の仕組みである。具体的に述べると、気候変動による世界の平均気温の上昇を産業革命前と比べ1.5℃に抑えるという目標に向けて各国・各企業が同じ考え方で取り組めるようするための科学的根拠に基づいた仕組みを指す。

　SBTの特徴はサプライチェーン排出量の算定を重視していることである。サプライチェーン排出量とは、原材料の調達から製造・使用・廃棄まで、企業活動の全体的な流れの中で排出された温室効果ガス排出量のことである。

　サプライチェーン排出量の算定の基本的な考え方と算定方法を紹介している「サプライチェーンを通じた温室効果ガス排出量算定に関する基本ガイドライン（ver.2.4）」（以降、基本ガイドライン）では、このサプライチェーン排出量をスコープ1・スコープ2・スコープ3の3つに区分けしている。その各スコープの合計量をサプライチェーン排出量として

区分け	概要
スコープ1	事業者自らによる温室効果ガスの直接排出 （燃料の燃焼、工業プロセス）
スコープ2	他者から供給された電気、熱・蒸気の使用に 伴う間接排出
スコープ3	スコープ1、スコープ2以外の間接排出 （事業者の活動に関連する他社の排出）

図表4-13　各スコープの概要

出典：環境省　「サプライチェーン排出量算定の考え方」を加工して作成
URL：https://www.env.go.jp/earth/ondanka/supply_chain/gvc/files/tools/supply_
chain_201711_all.pdf

定めている。その各スコープの概要を**図表4-13**に示す。

　スコープ1とスコープ2は前述の算定・報告・公表制度の算定方法を用いて対応することができる。スコープ3はGHGプロトコルと呼ばれる温室効果ガス（Greenhouse Gas：GHG）の国際的な算定基準をベースに算出することができる。

　基本ガイドラインに基づきサプライチェーン排出量の考え方や算定方法などをわかりやすく記載した「サプライチェーン　排出量算定の考え方」（環境省）によると、スコープ3を以下の15のカテゴリとその他（任意）に区分しており、そのカテゴリごとの活動例を示している（**図表4-14**）。

　このスコープ3の区分のうち、自社の物流（他社への委託物流）が影響を与えるものはカテゴリ4「輸送、配送（上流）」である。SBTを意識して温室効果ガスの排出量を削減していくことに対して「自社が取り組むのはまだ先の話であろう」と考える読者もいるだろう。だが、自社の意向とは関係なく、急にこの取り組みが必要となる可能性がある。

　なぜなら、スコープ3はサプライチェーン上の取引先も巻き込んだ削減目標であり、取引先がSBTの取り組みを開始したことにより、自社

	カテゴリ	該当する活動例
1	購入した製品・サービス	原材料の調達、パッケージングの外部委託、消耗品の調達
2	資本財	生産設備の増設 （複数年にわたり建設・製造されている場合には、建設・製造が終了した最終年に計上）
3	Scope1,2 に含まれない燃料及びエネルギー関連活動	調達している燃料の上流工程（採掘、精製等） 調達している電力の上流工程（発電に使用する燃料の採掘、精製等）
4	輸送、配送（上流）	調達物流、横持物流、出荷物流（自社が荷主）
5	事業活動から出る廃棄物	廃棄物（有価のものは除く）の自社以外での輸送（※1）、処理
6	出張	従業員の出張
7	雇用者の通勤	従業員の通勤
8	リース資産（上流）	自社が賃借しているリース資産の稼働（算定・報告・公表制度では、Scope1,2に計上するため、該当なしのケースが大半）
9	輸送、配送（下流）	出荷輸送（自社が荷主の輸送以降）、倉庫での保管、小売店での販売
10	販売した製品の加工	事業者による中間製品の加工
11	販売した製品の使用	使用者による製品の使用
12	販売した製品の廃棄	使用者による製品の廃棄時の輸送（※2）、処理
13	リース資産（下流）	自社が賃貸事業者として所有し、他者に賃貸しているリース資産の稼働
14	フランチャイズ	自社が主宰するフランチャイズの加盟者のScope1,2に該当する活動
15	投資	株式投資、債券投資、プロジェクトファイナンスなどの運用
	その他（任意）	従業員や消費者の日常生活

※1　Scope3基準及び基本ガイドラインでは、輸送を任意算定対象としています。
※2　Scope3基準及び基本ガイドラインでは、輸送を算定対象外としていますが、算定頂いても構いません。

図表4-14　スコープ3の区分

出典：環境省　「サプライチェーン排出量算定の考え方」
URL：https://www.env.go.jp/earth/ondanka/supply_chain/gvc/files/tools/supply_chain_201711_all.pdf

企業名	セクター	目標		
		Scope	目標年	概要
ジェネックス	建設業	Scope3 カテゴリ1	2024年	購入した製品・サービスの排出量の90%に相当するサプライヤーに科学に基づく削減目標を策定させる
コマニー	その他製品	Scope3 カテゴリ1	2024年	購入した製品・サービスによる排出量の80%に相当するサプライヤーに、SBT目標を設定させる
武田薬品工業	医薬品	Scope3 カテゴリ1、2、4	2024年	購入した製品・サービス、資本財、輸送・配送（上流）による排出量の80%に相当するサプライヤーに、SBT目標を設定させる
国際航業	空運業	Scope3 カテゴリ1、2	2026年	購入した製品・サービス、資本財による排出量の65%に相当するサプライヤーに、SBT目標を設定させる
浜松ホトニクス	電気機器	Scope3 カテゴリ1	2026年	購入した製品・サービスによる排出量の76%に相当するサプライヤーに、SBT目標を設定させる

図表4-15　サプライヤーにSBT目標を設定するように促した事例（2022年3月17日時点）
出典：環境省　SBT（Science Based Targets）について

に対して削減目標を定めるよう要請するかもしれないからだ。実際にサプライヤーにSBT目標を設定するように促した事例は**図表4-15**の通り多数ある。

　例えば、武田薬品工業では「購入した製品・サービス、資本財、輸送・配送（上流）による排出量の80%に相当するサプライヤーに、SBT目標を設定させる」としている。目標設定の対象としてスコープ3のカテゴリ4も含まれており、物流領域での削減目標をサプライヤーに求めていることがわかる。

　つまり、取引先の要請に対してSBT目標を設定しない（できない）、言い換えると環境に配慮した取り組みに対してネガティブな立場をとる場合、今後、取引先との良好な関係性を構築するのが難しくなる恐れがあるという見方もできるだろう。

　一方、これをビジネスチャンスとして捉えることもできる。なぜなら、SBT設定をすることによって環境対応意識の高い取引先の声に応えることになり、自社のビジネス展開における機会獲得につながると考えられるためだ。

　「2」ではグリーン物流を取り巻く動きについて「地球温暖化に対する対策動向」と「脱炭素経営」の観点で述べた。あらためてとなるが、地球温暖化への対策の一環としてグリーン物流の取り組みの必要性が高まっていくだろう。また、SBTなどの世界的な枠組みに対応し、その活動を対外的に表明していくことが、ステークホルダーからの信頼につながるという動きが活発化している。この動きは今後、さらに強まっていくだろう。もちろん、温室効果ガス排出量の削減目標を掲げるだけではなく、実際にその目標に向けてアクションを起こすことが本質的に重要であるのは述べるまでもなく、その中の一つとしてグリーン物流の取り組みがある。

3 グリーン物流の取り組みの検討ポイント

　本節ではグリーン物流の取り組みを推進していく際の検討ポイントについて述べる。前述のとおり、グリーン物流は物流による二酸化炭素の排出や資源の使用を少なくすることに向けた様々な取り組みを指す。この中でも貨物自動車の二酸化炭素排出量を少なくすることに向けた取り組みに焦点を当てよう。**図表4-16**をご覧いただきたい。

　前述の運輸部門は以下9つのカテゴリに分けられている。

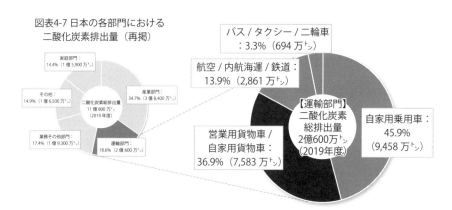

図表4-7 日本の各部門における
二酸化炭素排出量（再掲）

家庭部門：
14.4%（1億5,900万㌧）

その他：
14.9%（1億6,500万㌧）

産業部門：
34.7%（3億8,400万㌧）

二酸化炭素総排出量
11億800万㌧
（2019年度）

業務その他部門：
17.4%（1億9,300万㌧）

運輸部門：
18.6%（2億600万㌧）

バス / タクシー / 二輪車
：3.3%（694万㌧）

航空 / 内航海運 / 鉄道：
13.9%（2,861万㌧）

【運輸部門】
二酸化炭素
総排出量
2億600万㌧
（2019年度）

営業用貨物車 /
自家用貨物車：
36.9%（7,583万㌧）

自家用乗用車：
45.9%
（9,458万㌧）

※端数処理の関係上、合計の数値が一致しない場合がある。
※電気事業者の発電に伴う排出量、熱供給事業者の熱発生に伴う排出量は、それぞれの消費量に応じて最終需要部門に配分。
※二輪車は2015年度確報値までは「業務その他部門」に含まれていたが、2016年度確報値から独立項目として運輸部門に算定。

図表4-16　運輸部門における二酸化炭素排出量（図表右側の円グラフ）
出典：「運輸部門における二酸化炭素排出量」（国土交通省）を加工して作成
URL：https://www.mlit.go.jp/sogoseisaku/environment/sosei_environment_tk_000007.html

・自家用乗用車
・営業用貨物車
・自家用貨物車
・航空
・内航海運
・鉄道
・バス
・タクシー
・二輪車

　企業としてグリーン物流に取り組むうえでは営業用貨物車・自家用貨物車・航空・内航海運・鉄道のカテゴリに焦点が当たるだろう（自家用乗用車・バス・タクシー・二輪車のカテゴリは企業における物流という視点よりも、人々が生活するうえでの交通手段という視点の意味合いが強いものだと考える）。

　「運輸部門全体の二酸化炭素排出量」に占める「貨物自動車（営業用貨物車・自家用貨物車）の二酸化炭素排出量」の割合は36.8％である。一方で、「運輸部門全体の二酸化炭素排出量」に占める「航空・内航海運・鉄道の二酸化炭素排出量の合計」の割合は13.9％である。つまり、企業における物流を考える際に焦点が当たるカテゴリの中でも、貨物自動車の二酸化炭素排出量の割合が比較的大きいことがわかる。したがって、この貨物自動車の二酸化炭素排出量を少なくすることに向けて、どのような観点を意識していくべきか解説していく。

● **PDCAサイクル**

　グリーン物流の取り組みの検討ポイントを述べる前に、環境への負荷を適正に管理していくための手法として、経済産業省と国土交通省が定めた「ロジスティクス分野におけるCO_2排出量算定方法共同ガイドライ

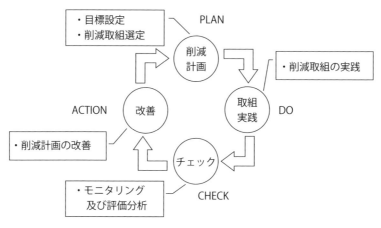

図表4-17　PDCAサイクル

出典：経済産業省・国土交通省　「ロジスティクス分野におけるCO$_2$排出量算定方法 共同ガイドライン Ver. 3.1」

ン Ver.3.1」（以下、共同ガイドライン）に記載されている「PDCAサイクル」について触れておきたい。

　なぜなら、グリーン物流の取り組みの効果を出すためには自部門のみならず他部門や他社と連携して推進していくことが必要であり、その際に関係者との調整がうまく進まず活動自体が滞ってしまうケースも想像に難くないため、活動の維持や継続的改善を狙いとするPDCAサイクルを理解することが有用だからだ。

　なお、すでにご存じの読者も多くいると想定されるため、ここではPDCAサイクルの概要の説明に留める。詳細を参照したい読者は共同ガイドラインをご覧いただければと思う。

　PDCAサイクルは目標設定や削減取り組みの選定を行う「PLAN」から始まり、削減取り組みを実践する「DO」、次に取り組みの効果があったのか評価・分析を行う「CHECK」、そして最後に改善を行う「ACTION」というステップで構成されている。この中でも、どのよう

に活動していくべきかについて全体の設計を考える「PLAN」は後続の
ステップに大きな影響を与えるため、いかに入念に検討できるかが活動
の良し悪しを左右すると言っても過言ではない。では、その「PLAN」
のステップでもっとも検討すべきポイント「二酸化炭素排出量の算定精
度の向上」に関して述べたい。

● 検討ポイント　二酸化炭素排出量の算定精度の向上

　前述した温対法に基づく算定・報告・公表制度は2006年から始まっ
ており、物流活動における二酸化炭素排出量を算定する動きは従来から
あった。したがって、二酸化炭素排出量を算定することは環境への負荷
を少なくすることに向けた取り組みをする際に重要な視点だとすでにご
存知の読者も多いだろう。

　しかし、今後必要となっていくのは二酸化炭素排出量の算定に留まら
ず、「二酸化炭素排出量の算定精度の向上」であると考える。カーボン
ニュートラルの風潮が強まっている中で環境への意識が高い投資家、株
主、行政、業界団体、取引先、顧客などのステークホルダーは環境への
負荷を少なくする取り組みを求めており、環境負荷低減の成果が目に見
える形でわかるようにすることが今後、企業にさらに求められていくだ
ろう。

　二酸化炭素排出量の算定精度を向上させることにより、PDCAサイク
ルの管理の品質が高まり、結果、企業はより効率的・効果的な「環境へ
の負荷を少なくする取り組み」ができると考える。仮に算定精度が不十
分な場合、定量的な評価、そして、その評価に基づいた適切なアクショ
ンを考えることが難しくなるだろう。

　では、算定精度を上げていくためにはどうすればよいのだろう。算定
精度について考えるにあたり、まず、算定方法の種類についてふれた
い。算定方法は改良トンキロ法・燃費法・燃料法があり、その概要は**図
表4-18**を参照してほしい。

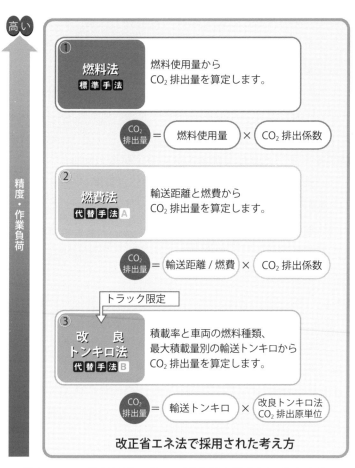

図表4-18　物流活動に伴う二酸化炭素排出量の算定方法
出典：経済産業省・国土交通省　「物流分野のCO2排出量に関する算定方法ガイドライン」

　なお、トンキロ法には改良トンキロ法の他に従来トンキロ法がある。改良トンキロ法はトラック限定の算定方法であり、従来トンキロ法は特にトラック以外の輸送モードを対象としている。算定式や必要なデータ・その入手方法などの具体的な内容については経済産業省と国土交通省が取りまとめた「物流分野のCO_2排出量に関する算定方法ガイドライ

ン」で確認できる。

　算定精度を向上させるためにはトンキロ法から燃料法・燃費法へシフトすることが大きな対応の方向性であることについてすでにご存知の読者も多くいるだろう。資源エネルギー庁の「荷主省エネの課題と検討の方向性」でもその内容が示されている。

　しかし、現状は**図表4-19**にある通り、比較的算定精度の低いトンキロ法が貨物自動車（全体）の算定方法のシェアの約6割を占めており、残り約4割が燃料法・燃費法である。なぜなら、燃料法・燃費法は比較的作業負荷が高く手間のかかるものであるからである。別の言い方をすると作業コストがかかるものと言える。

　しかし今後は、トンキロ法から燃料法・燃費法へシフトすることをあ

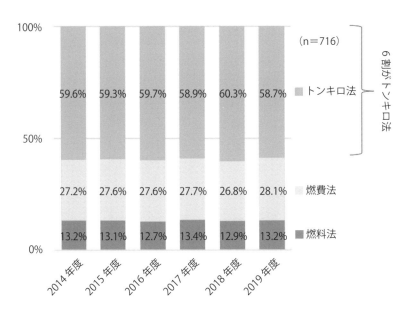

図表4-19　貨物自動車の算定方法のシェア（エネルギー使用量ベース、
　　　　　 2019年度）
出典：経済産業省　「荷主省エネの課題と検討の方向性」

らためて検討する必要があると考える。なぜなら、前述のとおり、PDCAサイクルをより効率的・効果的に推進していくために必要であり、また、環境への意識が高いステークホルダーへの情報開示の風潮が高まっている中でより正確な算定数値をステークホルダーに対して公開することが求められるからだ。

脱炭素経営に向けた企業の取り組みの一つとして、他社との差別化や、新たな取引先やビジネスチャンスの獲得に結びつくものとしてSBTの枠組みについて紹介した。そのSBTの枠組みにおけるスコープ3のカテゴリ4「輸送、配送（上流）」に関するデータ収集先の1つとして、「省エネ法の特定荷主定期報告書」が記載されている（環境省「サプライチェーン 排出量算定の考え方」）。また、特定荷主定期報告書における算定数値はトンキロ法・燃費法・燃料法が使用される。

したがって、トンキロ法から燃料法・燃費法にシフトにすることで算定精度を上げることはより正確な数値をSBTの枠組みの中で示すことにもつながることを意味する。

これらを踏まえ、今後はたとえ手間がかかったとしても算定精度を上げることに取り組む必要性は高まっていくと考えられる。そのため、今から少しずつ算定に対する意識を変えていく必要がある。なお、手間がかかるという課題感に対して算定工数を軽減することを狙いの一つとしてより使い勝手のよい算定ツールを用いることや、国際会計基準（International Financial Reporting Standards：IFRS）の収益認識対応の一貫として、自社の荷物の着荷までを企業の取り組みとして対応している動きも見られるため、今後、これらの企業の動向を注視していくことも推奨したい。

4　荷主クラス分け評価制度

　今後のグリーン物流に取り組むメリットとして考えられる関連法規制の動きとして、エネルギーの使用の合理化に関する法律（以下、省エネ法）に基づき2023年度から始まる「荷主クラス分け評価制度」を取り上げる。また、「サプライチェーン全体を踏まえてグリーン物流をどう見るか」についても述べる。

● **2023年度から始まる荷主クラス分け評価制度とは？**
　省エネ法の概要・目的について、経済産業省が取りまとめた「省エネ法の概要」では以下のように記載されている。

　「石油危機を契機として昭和54年に制定された法律であり、内外におけるエネルギーをめぐる経済的社会的環境に応じた燃料資源の有効な利用の確保に資するため、工場等、輸送、建築物及び機器具等についてのエネルギーの使用の合理化に関する所要の措置、電気の需要の平準化に関する所要の措置その他エネルギーの使用の合理化等を総合的に進めるために必要な措置を講ずることとし、もって国民経済の健全な発展に寄与すること」
（出典：省エネ法とは、https://www.enecho.meti.go.jp/category/saving_and_new/saving/enterprise/overview/）
　なお、省エネ法におけるエネルギーとは**図表4-20**に示す燃料・熱・電気のことである。
　この省エネ法においてエネルギー使用者へ規制する事業分野としては「工場・事業場」と「運輸」の2つの分野がある。この規制はエネルギー使用者への「直接規制」と「間接規制」の2つがあり、直接規制の対象

●原油及び揮発油（ガソリン）、重油、その他石油製品（ナフサ、灯油、軽油、石油アスファルト、 石油コークス、石油ガス）
●可燃性天然ガス
●石炭及びコークス、その他石炭製品（コールタール、コークス炉ガス、高炉ガス、転炉ガス） であって、燃焼その他の用途（燃料電池による発電）に供するもの

●上記に示す燃料を熱源とする熱（蒸気、温水、冷水等）
対象とならないもの：太陽熱及び地熱など、上記の燃料を熱源としない熱のみであることが特定できる場合の熱

●上記に示す燃料を起源とする電気
対象とならないもの：太陽光発電、風力発電、廃棄物発電など、上記燃料を起源としない電気のみであることが特定できる場合の電気

図表4-20　省エネ法が示すエネルギーの内容
出典：経済産業省　資源エネルギー庁 「省エネ法の概要」

者の中では省エネ取り組みの判断基準を達成するための努力義務を負う者（「努力義務の対象者」）とエネルギー使用状況等を報告する義務を負う者（「報告義務等対象者」）に分けられている。

　なお、一定以上の規模をもつ事業者が「報告義務等対象者」に該当する。詳細については**図表4-21**を参照いただければと思う。

　工場・事業者の分野における報告義務等対象者（「特定事業者」）の中でも省エネの成果を上げている企業を適切に評価し、インセンティブを与えて取り組みを促すことを狙いとして「事業者クラス分け評価制度」が2015年に設けられた。

　この事業者クラス分け評価制度は、事業者をS（優良事業者）・A（更なる努力が期待される事業者）・B（停滞事業者）にクラス分けし格付けするものであり、Sクラスの事業者は優良事業者として経済産業省のサイトで公表されることや2年連続でS評価だった事業者に対して税制優遇が設けられるなど、企業としてのインセンティブの観点も踏まえて整備された。なお、この税制優遇は「省エネ促進税制」と呼ばれ、すでに終了している。

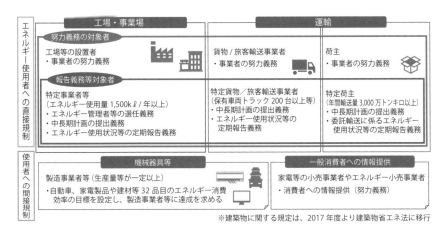

図表4-21　省エネ法が規制する分野
出典：経済産業省　資源エネルギー庁　「省エネ法の概要」

　ここまで、工場・事業場の分野における特定事業者に対する事業者ク
ラス分け評価制度について紹介したが、この評価制度を参考に運輸の領
域における報告義務対象者である「特定荷主」に対して2023年度から
「荷主クラス分け評価制度」が始まろうとしている。

　つまり、事業者クラス分け評価制度と同様に企業に対するインセン
ティブが運輸の領域における特定荷主に対して見込まれるものである。
今後、企業が二酸化炭素排出量の算定精度を向上させ、PDCAサイクル
の管理の品質を上げることによって、二酸化炭素排出量を効率的・効果
的に少なくしていくことは前述のインセンティブを享受することにつな
がり得るだろう。

● サプライチェーン全体を踏まえてグリーン物流をどう見るか

　グリーン物流は文字通り「物流」に焦点をあてているものであるが、
サプライチェーン全体で見た時に環境への負荷がどうなるのかという視
点について述べたい。企業が物流領域で環境負荷低減に取り組むことは
確かに重要だが、それがサプライチェーン全体の環境負荷低減につなが

るとは限らない。例えば、水素トラック・EVトラックなどの低公害車の導入が物流領域での二酸化炭素排出量を削減する取り組みの一つとして話題に上がるが、これをサプライチェーン全体で見た時に二酸化炭素排出量はどうなるだろうか。

　今までの燃料自動車から低公害車に乗り換えた場合、それによって廃棄されるトラックは少なからずあるだろう。そのトラックの廃棄においても二酸化炭素は排出される。もしかしたら、低公害車導入による二酸化炭素排出の削減量よりも廃棄に伴う二酸化炭素排出の増加量の方が上回るかもしれない。果たして、物流領域で低公害車を導入することは環境への負荷を少なくすることにつながるのだろうか。

　これはあくまでもたとえ話である。ここで伝えたいことは、企業は局所的に環境への負荷を少なくすることに目指した取り組みを考えるのではなく、全体感をもって、つまりここではサプライチェーン全体を意識して物流領域の取り組みがどうあるべきかを考えることが重要だということである。

　いずれにしても、環境への意識が高いステークホルダーの要望が強まる風潮の中で、企業は物流において環境への負荷を少なくすることをより一層考えていく必要があるだろう。

● 脱炭素経営に向けて

　本章では環境への負荷を少なくすることを目的としたグリーン物流について様々な視点からその重要性・必要性について述べてきた。地球温暖化などの環境問題を背景にカーボンニュートラルを目指す脱炭素経営の必要性は高まっていくだろう。その状況下、脱炭素経営に向けた一つの取り組みの要素であるグリーン物流がもつ意義は国際会計基準の収益認識が出荷基準から着荷基準となっていることなどからも大きくなると考える。本書を機会にあらためて物流視点で自社の環境に対する取り組みを見つめ直してみてはいかがだろうか。

第5章

物流におけるレジリエンス

　第2章で、日本型サステナブル・ロジスティクスは自社・委託先物流事業者の「物流機能の維持」と「持続可能な社会の実現への貢献」を目的としていることを述べた。本章では、不測の事態に陥ってもその2つを満たせるような物流、すなわち「強靭（レジリエント）」な物流とはどのようなものかを考えていきたい。

1 レジリエンスとリスク、BCP

●「レジリエンス」とは何か

　「レジリエンス（Resilience）」とは元々、困難な状況に適応して復元するしなやかさのことを意味する言葉である。心理学では、困難な状況にあっても折れないメンタルや心理的な回復力を指して使われる。

　イメージしづらければ、林に生えた長い竹を想像してみていただきたい。長い竹の先端の方に力を加え、地面に向かってぐっと押し下げるとする。脆い竹の場合、ある一定の負荷に達すると中ほどでポキッと折れてしまう。一方、しなやかな竹であれば、どんな負荷がかかっても折れずに柔軟さを保ち、負荷から解放された時には、強い反発力で勢いよく元に戻るはずだ。そんなしなやかな竹のイメージで、ストレスにさらされても簡単に折れないメンタルを育てよう、という意味合いで「レジリエンス」という言葉が使われることが多い。

　そこから派生して、レジリエンスの概念は国や都市、企業にも適用さ

レジリエンスが高い状態　　　レジリエンスが低い状態

図表5-1　レジリエンスのイメージ

れ、脅威に強い国・街づくり、脅威に強い企業経営を目指す上でのキーワードとなっている。

　本書では、物流にかかわる企業のレジリエンスについて述べていくが、レジリエンスと混同しやすいキーワードとして、「リスクマネジメント」や「BCP（Business Continuity Plan：事業継続計画）」がある。レジリエンスについて学ぼうとすると、必ずと言っていいほど目にするキーワードである。これらとの違いを明確にしておく。

　まず「リスク」とは、「発生するかどうか不確実だが、生命や資産に望ましくない影響を及ぼす可能性のある事象」のことである。**図表5-2**では、企業にとってのリスクを「天災」と「人災」に分けて整理してみた。

　天災は日本においては特に地震や水害（大雨・洪水・津波）が挙げられ、発生頻度の低いものでは、自然火災や竜巻（ハリケーン）、火山噴火も含まれる。これらの発生タイミングや規模は人間にはコントロールのしようもなく、発生すれば広い範囲を壊滅させうるものだ。

　一方、人災は人間の意志（悪意も含む）や行動に起因する。図表5-2では、PEST（Politics　政治・Economics　経済・Society　社会・

天災		
	地震	
	水害（大雨・洪水・津波）	
	自然火災	
	竜巻（ハリケーン）	
	火山噴火	

人災		
	政治的	戦争・テロ　など
	経済的	コンテナ不足　など
	社会的	パンデミック（新型コロナウイルス感染症）など
	技術的	システム障害・セキュリティインシデント　など

図表5-2　企業のリスク

Technology 技術）の切り口で整理した。戦争や何者かの悪意によるテロ・サイバー攻撃、従業員の過失による事故、セキュリティインシデントまで多岐に渡ることがわかる。

　また、天災と人災のどちらとも言えるのが感染症のパンデミックである。近年の新型コロナウイルス感染症の流行によって、企業のリスクとして強く認識されているところだ。ウイルスはもちろん自然由来であるが、感染防止のための適切な対処がとられず、都市部で感染が爆発したことを振り返ると、人災の側面もあると言えよう。

　こうした様々なリスクに対する体系化された経営管理手法が「リスクマネジメント」である。リスクマネジメントにおける大きなステップはリスクの特定、発生頻度や影響度の大きさに基づく分析・評価、発生時の損失の回避・低減で構成される。また新型コロナウイルス感染症が突如発生したように、リスクは時とともに種類・内容が変化していくものである。そのため、変化に応じたリスクの再評価、対策の再検討のプロセスもリスクマネジメントには含まれる。

　「BCP」は、リスクマネジメントの一環と位置付けられるだろう。内閣府の定義では「大地震等の自然災害、感染症のまん延、テロ等の事件、大事故、サプライチェーン（供給網）の途絶、突発的な経営環境の変化など不測の事態が発生しても、重要な事業を中断させない、または中断しても可能な限り短い期間で復旧させるための方針、体制、手順等を示した計画のこと」（出典：事業継続ガイドライン、https://www.bousai.go.jp/kyoiku/kigyou/keizoku/pdf/guideline202104.pdf）とされている。

　ではあらためて本題のレジリエンスとは何なのか。レジリエンスとは冒頭に述べた通り、復元する力のことだ。**図表5-3**のように危機が発生（リスクが顕在化）してから復旧までに要する時間が短いほど、レジリエンスが高い状態だと言える。

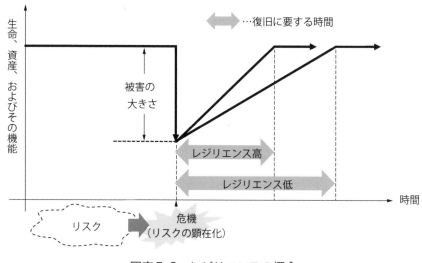

図表5-3　レジリエンスの概念

　リスクマネジメントや、危機発生後の対応を定義するBCP策定の取り組みはレジリエンスの向上に寄与するものである。しかしリスクマネジメントやBCPがレジリエンス向上策のすべてではない。

　図表5-3を見るに、理論上レジリエンス向上の方向性としては下記の2つ（または両方）がある。

1. 危機発生後の復旧スピードを加速させる（復旧に向かう線の角度を上げる）
2. 危機発生時の被害を最小化する（縦軸の減少幅を小さくする）

　危機発生から復旧までの期間ができるだけ短いことがレジリエンスの高い状態であることを踏まえ「レジリエンスとはスピード勝負である」と筆者は考えている。では、危機において復旧のスピードを上げるためには何が必要なのであろうか。

2 物流におけるレジリエンスとは

● 物流が止まりうるリスク

　企業のリスク全般を対象に述べてきたが、ここからは物流に特化して論じていく。冒頭に述べた通り、「レジリエンス＝困難な状況に適応して復元するしなやかさ」であるが、まず物流を困難な状況に陥れるリスクとはどのようなものか挙げてみたい。

〈天災によるリスク〉

　建物や設備、車両の損壊、ケガなどによる従業員の出勤難、ITや通信インフラの故障など、企業の物流リソースに与える物理的なダメージが大きい。なお、企業の物流リソースとは以下のようなものである。

・倉庫や配送センターなどの施設
・物流業務を行う従業員
・トラック、船舶、航空機、鉄道といった輸送モード
・フォークリフトやその他マテハン
・システム、ネットワーク
・在庫

　それだけでなく、道路の寸断、燃料の供給停止や停電といった社会インフラの停止も物流にとっては致命的である。

〈人災によるリスク〉

　政治的なリスク（例：戦争・テロ）としては、燃料の供給不安や価格高騰、海外工場や港の稼働停止が挙げられる。今般のロシア—ウクライナ問題では、各国がロシアへの経済制裁としてロシア産原油の輸入禁止措置を講じた結果、世界的な石油不足、価格高騰傾向にある。トラック

輸送を主流とする日本国内の物流にとって大打撃である。

　経済的なリスクとしては、コンテナ不足が挙げられる。もともと世界で新規に製造されるコンテナの9割以上は中国で製造されている。米中貿易摩擦の影響で製造量が落ち込んでいたところに、さらに新型コロナウイルス感染症の拡大によって製造が抑制された。加えて、世界各都市のロックダウン、およびそれに伴う労働者の移動制限措置による港湾作業の停滞により、コンテナが返却されずに各国の港に滞留していることから、慢性的なコンテナ不足が発生している。こうした状況は、国際物流における輸送遅延や海上運賃の高騰につながっている。

　社会的なリスクとしては、新型コロナウイルスのような感染症のパンデミックがある。物流現場は依然として多くの人手を要する作業が多く、作業環境が3密（密閉・密集・密接）状態になりやすい。集団感染が発生した場合には、稼働を止めることも考えなければならない。また感染対策をとりながらの稼働は、通常時より入出荷など物流業務の生産

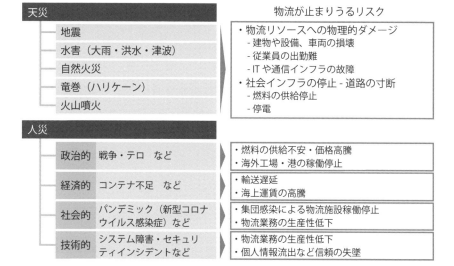

図表5-4　物流におけるリスク

性を落とすことにもなる。

　技術的なリスクとしては、システム障害やセキュリティインシデントが挙げられる。今日の物流はWMS（倉庫管理システム）やTMS（輸配送管理システム）をはじめとする様々なシステム、マテハンによって成り立っている。そのため、サーバーダウンなどによりシステムが停止するとたちまち生産性が低下してしまう。また、個人情報を扱う宅配の場合は、サイバー攻撃などのセキュリティインシデントによる個人情報の流出など、企業の信頼を失うリスクもある。

　このように物流は様々なリスクにさらされており、ひとたびそのリスクが顕在化すれば、倉庫や配送センターでは荷捌きが滞り、その先の配送もできなくなってしまう。

● 物流におけるレジリエンス

　レジリエンスの高い物流は、こうしたリソースの制限や喪失が起きても輸配送や保管機能を途絶えさせない。また緊急事態の中でも適切な判断によって、代替手段を発動させて急場をしのぎながら迅速に復旧に向かう。ダメージから早期に復旧するためには、
・建物や設備を補強する
・従業員が負傷することがないように危機発生時マニュアルを作成する
・システムデータのバックアップをとっておく
・非常電源を準備する
・代替配送手段や代替配送ルートを確保する
など、様々なレジリエンス向上策が考えられる。

● 本章で取り扱うリスクの範囲

　先に述べた物流にかかわるリスクには2種類あると筆者は考えている。

1. 発生直後から致命的な損害が発生するため、現場で即判断・即対応が必要なもの
2. 発生後、徐々に損害・影響が発生するため、致命的な損害が顕在化する前に本社統括部門での対応が必要なもの

　「1.」には、地震や風水害といった天災やシステム障害が、「2.」にはそれ以外のリスクが該当する。

　例えば、「1.」に該当する強い地震が発生した時、現場は安全の確保だけに対応して、本社統括部門の指示を待つというスタンスでよいのだろうか。筆者は、現場が主体的に作業の停止・再開などを判断し、ボトムアップで動くべきと考える。有事の際、本社の統括部門側では、ただでさえ事態の整理に時間がかかる。そのような状態で現場が統括部門の指示を待っているようでは対応が遅い。指示を待っている間に現場でさらに損害が拡大してしまう。

　一方、「2.」に該当する新型コロナウイルス感染症への対策についてはどうだろうか。じわじわと感染が拡大するウイルスに対して現場で対応を判断するのではなく、包括的に検討された全社方針を待って感染対策を実施しても即時に不利益にはつながらないだろう。つまり「1.」に比べると実際の損害が発生するまで時間的猶予がある。

　そのため本章では、「1. 発生直後から致命的な損害が発生するため、現場で即判断・即対応が必要なもの」を危機への対応が復旧スピードにより大きく影響する、すなわちレジリエンスの向上においてより重要であるとの考えに基づき、このリスクに重きを置いて論じることとする。

3 物流におけるレジリエンスの重要性

　物流は「経済の血液」あるいは「社会の血液」とも表現される。世の中全体に行きわたらなければ経済・社会は壊死してしまう。そのため、緊急事態にあっても物流は止まってはならないし、仮に一度止まったとしても、すぐに復旧しなければならない。ここでは物流の断絶が起こった例として、未曽有の災害となった東日本大震災発生時の状況をあらためて振り返ってみたい。

● 東日本大震災時の物流の状況

　東日本大震災発生時の東日本エリア全域に及んだ強い揺れ、さらには東北地方沿岸部を襲った津波による被害はあまりに衝撃的であった。この災害は、日本の社会と経済に多大な影響を及ぼし、物流も当然、その例外ではなかった。東北地方沿岸部において津波で流されたものの中には、物流に関わる施設やトラックも含まれ、施設の倒壊や損傷だけでなく、倉庫内の物資の破損など、様々な物流リソースが失われた。被災地以外の一般消費者の目線でも、スーパー等小売店における日用品の欠品や、宅配各社の配送遅延など物流の混乱状態はしばらく続いた。

　当時のサプライチェーンは、様々な要因によって機能不全に陥っていた。混乱の渦中にあってはわからなかったことだが、当時起きていたことを整理すると以下の通りだ。

①情報の断絶

　災害対策基本法では、地方公共団体の長は「法令又は防災計画の定めるところにより、災害に関する情報の収集および伝達に努めなければならない」、と規定されている。しかしながら東日本大震災では、被災地

における通信インフラの故障・停電・役所の建物の被災などによって被害情報の収集、政府への発信が即座に行えなかった。したがって、政府による、各地の被災状況や必要な救援物資などに関する情報の把握も困難を極めた。

②道路の寸断・交通規制

　激しい地震動により、東北地方では主要道路の崩落やひび割れ、落橋が発生した。そうした状況を受け、緊急物資の輸送手段としてトラック以外の船舶やヘリコプターも検討された。しかし船舶は、集荷トラックが港湾に到着する時間の調整が困難であるという課題を、またヘリコプターは運行が天候に左右される・輸送キャパ不足などの課題をクリアできなかった。よってトラックでの輸送がもっとも機動的と判断され、結局はトラックによる陸上輸送が緊急物資輸送の大部分を占めた。

　しかし、トラックでの緊急物資輸送も迅速に行うことはできなかった。なぜなら、警察の交通規制によって人命救助や原発事故対応、生活の安全、緊急復旧に係る車両のみを対象に通行を許可することとしたものの、通行許可標章の発行に膨大な事務作業が発生し、必要な車両に標章がスムーズに行き渡らなかったためである。

③燃料不足

　道路の問題だけでなく、燃料不足も深刻であった。製油所の被災やタンクローリー車が津波で使用できなくなったことによって被災地周辺の石油流通量が減少した。また先に述べた交通規制や標章付与手続きの遅れが燃料供給の遅れに拍車をかけた。物資を送り込むトラックは、現地へたどり着けたとしても、燃料がないために帰れなくなる恐れがあり、不用意に被災地へ向かうことは憚られる状況であった。

④物資の滞留

　物資が被災地周辺の倉庫に滞留するという事態も発生していた。発災後、物資供給のスキームを物流に精通していない自治体が立ち上げたこと、被災地へプッシュ型（被災した都道府県からの要請を待たず、現地で必要と見込んで調達・輸送を行う物資支援。逆はプル型）で物資を送り込みすぎたこと、先述の燃料不足により避難所までのラストワンマイル手前の1次拠点あるいは2次拠点から物資を動かすことができなかったことなどが理由である。

　以上のような複合的な要因によって、地震発生直後は東日本における物流は完全停止、とまでは言わないが、寸断状態にあったのだ。

　物流は「経済の血液」あるいは「社会の血液」と述べたが、東日本大震災のような災害によって物流が停滞あるいは停止すると何が起こるか。当然、必要な物資が必要なところへ行き渡らず、人々の生活はままならない。そればかりか、最悪の場合は人の命をも脅かすことになる。

　また、企業に関して言えば、被災地に所在する場合は事業が継続できないことが考えられる。たとえ被災地から離れていたとしても、会社の拠点や取引先が被災した場合、仕入れや出荷が滞ることで、事業の停止や廃業に追い込まれかねない。実際、帝国データバンクの調査（出典：「東日本大震災関連倒産」動向調査、https://www.tdb.co.jp/report/watching/press/pdf/p210303.pdf、https://www.tdb.co.jp/report/watching/press/pdf/p160301.pdf）によれば、東日本大震災発生後5年間で製造業・卸売業・小売業で1,000件以上の倒産が発生している。倒産した企業の分布を見ても東北エリアに限定されないことから、波及的に影響が拡大していったことがわかる。

　物流の停滞・停止は、企業の存続、ひいては社会全体に対して大きな損害を及ぼす。危機下においても社会における供給責任を果たし、自社の復旧と利益の回復を早めるため、物流におけるレジリエンスを高めて

おくことが重要である。レジリエンスが高い状態とは、冒頭の竹のたとえでいうと、今にも折れそうな強い圧力を加えられた状態でもなんとか持ちこたえ、負荷が緩和された時にすばやく元に戻るイメージだ。柔軟に応急措置や代替手段を駆使して、完全なる機能停止とはならないよう、本格的な事業復旧フェーズまでの急場をしのぐことが重要である。ましてや、日本は世界的に見ても有数の自然災害大国だ。日本の国土や気候の特徴を鑑みれば、なおのことレジリエンスを意識した備えは重要である。

● レジリエンス向上の取り組みによるメリット

　レジリエンス向上のための取り組みは、以下のようなプラスの波及効果も期待できる。

①一企業の枠を超えたレジリエンス向上

　有事の際は、企業単体で対応しきれない事象も数多く、取引先企業や同業他社、地方自治体との協力・連携が必須である。レジリエンス向上のためには、危機が起きてから連携するのではなく、関係者が平時から提携して有事の際の協力内容を議論しておくことが重要である。そうした取り組みの過程で、企業間の確固たるリレーションが構築され、一企業の枠を超えたグループ間・地域間のレジリエンスが向上されると考える。

②地域貢献

　BCPの策定・訓練など、日ごろから有事に備えておくことで、その企業の早期の営業再開が可能となる。そのことが、企業だけでなく被災地域への貢献につながることもあるだろう。例えば、被災地に拠点を持つ物流事業者が輸送車両を支援物資の供給のために使ったり、倉庫を一時保管場所として提供したり、災害発生時、被災状況に応じて自社のリ

ソースを活用する事例が見られる。こうした対応は、想定していたものではなく、その場その場の状況に応じて判断されるが、BCPの中で有事の体制や対応を定義しておくからこそ、機転を利かせた対応ができるのではないだろうか。地域貢献活動の実績は、企業のレピュテーション向上にもつながる。

　本節では、物流におけるレジリエンスとは何か、そしてその重要性について述べてきた。ここからは、レジリエンス向上のための取り組みを見ていきたい。
　P.145で述べたレジリエンス向上の2つの方向性に沿って、「4. 危機発生後の復旧スピードを加速させる」、「5. 危機発生時の被害を最小化する」に分けて論じていく。

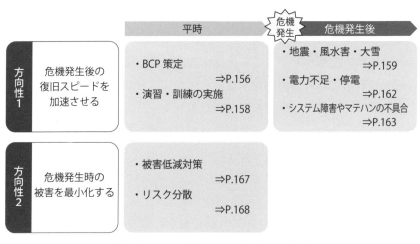

図表5-5　レジリエンス向上の方向性

危機発生後の復旧スピードを加速させる

● **危機発生〜復旧までの全体像**

　危機が発生してから、事業が復旧するまでのプロセスは大まかには**図表5-6**の通りだ。

①危機察知

　何らかの手段で危機が起きたことを察知する段階である。危機が発生した現地に本社があれば、すぐさま事態に気づくことができるが、本社から離れた場所で危機が発生した場合、危機察知においては支社や現場からの素早い報告が重要となる。無論、本社側でも積極的に情報を取りに行く姿勢が必要である。

②安全確保・応急措置

　人命に危険が及ぶ事態の場合は、まずは人命を第一とした現場での安全確保を行う。けが人が出た場合は当然、応急処置が必要である。また二次災害を起こさないよう稼働停止の要否を判断し、必要な指示を行う。

図表5-6　危機発生〜復旧までのステップ

③被害状況把握

　安全が確保されたら、全社的な被害の把握を行う。各拠点のリソース（人・建物・設備・システム・在庫・電力・燃料）に対する被害情報を集約する。

④復旧対策実行

　被害を受けた部分に対して復旧対策を施す。BCPで取り決められた体制やとるべき対応がある場合は、それに従う。危機発生直後の混乱状態においては、本社統括部門の指示を待たず、現場判断のもと応急的な対応によって稼働を維持することも必要である。

　各ステップを経て復旧までのスピードを加速させるには、早急に対策実行に移るための平時からの備えと、発生後の迅速な判断・柔軟な対応が肝要であると考える。平時の備えは全社的なルール策定やリスクの周知活動などトップダウンでの活動が中心となる一方、危機発生後は各現場での主体的な判断、対策の実行、すなわちボトムアップでの動きが必要となる。

● 平時の対応

　レジリエンス向上への対応は平時から始まる。実際に危機が起きた時の対応スピードを上げるべく、平時からできる取り組みが多くある。先に述べた通り、平時の対応は全社的な取り組み、トップダウンでの活動が中心となる。

■BCP策定

　前述の通り、内閣府の事業継続ガイドラインによると、BCPとは「大地震等の自然災害、感染症のまん延、テロ等の事件、大事故、サプライチェーン（供給網）の途絶、突発的な経営環境の変化など不測の事態が

発生しても、重要な事業を中断させない、または中断しても可能な限り短い期間で復旧させるための方針、体制、手順等を示した計画」（出典：事業継続ガイドライン、https://www.bousai.go.jp/kyoiku/kigyou/keizoku/pdf/guideline202104.pdf）のことだ。

　BCPの中では、有事の際の体制や失われたリソースに対する代替手段が整理されている。あらかじめ体制や手順が決められているので、実際に危機が発生した時、関係者がスピーディに行動を起こすことが期待できる。BCP策定においては経営層が推進のトップとなり、かつ各部門からメンバーを招集して全社的な取り組みとすることが望ましい。

　詳細な策定手順についてはISO（国際標準化機構）による規格が存在し、専門の書籍も多数出版されているのでそれらを参照いただきたい。ここでは、大まかなステップのみを記載する。

①優先事業の選定

　各事業が止まることによる影響を整理し、確実に維持しなければならない事業を選定する。選定する事業の単位は、製品や得意先など優先度を設定しやすい切り口で決定してよい。財務的な影響度（売上・利益）やステークホルダーに与える影響度、社会に与える影響度といった観点で、各事業が数日間・数週間・数カ月停止した場合を想定し、段階評価する。そして、もっとも影響度が大きくなった事業が、有事の際に最優先でリソースを割くべき対象となる。

②RTO（Recovery Time Objective：目標復旧時間）の設定

　事業活動を行えないことによる悪影響が許容できないレベルに達するまでの時間をMTPD（Maximum Tolerable Period of Disruption：最大許容停止時間）といい、優先事業を中心に、最大許容停止時間以内に収まるRTOを設定する。

③優先事業を構成する業務プロセスの把握

あるメーカーにおいて商品Aの製造販売を優先事業に選定したとして、商品Aが最終顧客に納入されるまでの業務プロセスを洗い出す。大きくは生産計画・調達・生産・受注・在庫・出荷という工程のかたまりがあるが、それぞれをさらに細分化する。さらに、各業務プロセスにおいてどのようなリソースが必要かを明らかにする。誰がどこで、どのタイミングで、何をインプットに、どのように（何の部材を使って、あるいはツールやシステムを使って）業務を行っているのか整理する。

④代替手段の具体化

前段のステップで整理した各業務プロセスに必要なリソースが失われた場合の代替手段を検討する。例えば、以下のようなケースである。

リソースの喪失ケース	代替手段（例）
本社が被災し現場への指示が行えない	緊急の本社機能代替拠点を設置する
業務を行う現場施設が被災し、稼働できなくなった	近隣拠点を代替拠点に指定し、従業員を派遣する
業務担当者が出社できなくなった	あらかじめ定めておいた部署から代理の業務担当者を立てる
業務システムが停止した	なし（復旧待機）
輸送車両を手配できなくなった	社用車、あるいは別業者の車両を手配する

図表5-7　リソース喪失時の代替手段の例

以上のような検討ステップを踏み、危機発生時の臨時体制や対応手順を文書に取りまとめる。

■演習・訓練の実施

BCPによって有事の対策実行迅速化が期待できると述べたが、それ

は関係者にBCPの内容が周知されていることが前提となる。平時から考えていない、やっていないことは、緊急時に実行することはできないと考えた方がよい。年に1〜2回は机上での演習・勉強会や災害を想定した訓練を実施するべきだ。また、有事の連携先企業があれば、その関係者の動きもシナリオに組み込み、訓練に参加してもらえるよう働きかけたい。

● **危機発生後の対応**

BCPの策定や演習・訓練は全社的に推進するが、実際に危機が起こった時、必要な対応を見極め、対応するかしないか最終的な判断を委ねられるのは、倉庫や配送センターなど物流の現場にいる人間である。事業の迅速な復旧に向けては、あらかじめ策定したBCPに基づく体制構築や対策の実行に加えて、BCPで決めきれていない現場の対応も多々必要になるだろう。

復旧スピードを上げるためには、現場の稼働を完全には止めず、代替手段を駆使して細々とでも機能を維持し急場をしのげるかどうかが重要である。そのために、現場の迅速な判断と対応が肝になってくる。

復旧スピードを向上させるためには、一般的なBCPからさらに進んで、現場での判断・実行を前提としたより具体的な有事対応を定義しておくべきだ。その考えのもと、地震・風水害・大雪、電力不足、システム障害のそれぞれの場合に物流現場が対応すべきことを筆者の実体験も交えながら説明する。

■**地震・風水害・大雪**

地震・台風・局所的な豪雨や大雪、またそれに伴う洪水や土砂崩れなどは物流現場の稼働に大きく影響する。これらの場合に必要と想定される現場の対応とはどのようなものだろうか。

①従業員の出勤・退勤への対応

　地震や台風などの風水害、大雪が発生した場合、従業員の出勤、および退勤に対するフォローが必要となる。

　天候については気象予報で、ある程度予想できる場合が多いため、可能であれば前日に、悪天候を踏まえた出荷可能見込みにて本社や荷主との出荷調整を行った上で、「無理に出勤しない」「作業を台風通過後の午後開始とする」などの指示や決定事項を現場管理者から従業員に連絡するのが望ましい。あるいは安全に運行が可能な見込みであれば、マイクロバスなどを前日に手配し、当日は倉庫周辺の主要駅を回り従業員をピックアップするのも一手である。

　一方で、予測されていなかった悪天候や地震の場合は、柔軟な対応が必要となる。出勤時間前の発生であれば、身の安全を第一とし、従業員各自で出勤しない判断をすべきだろう。出勤後の発生、特に地震の場合は、まずは安全な場所への避難が最重要である。そして可能であれば従業員に帰宅を指示するが、公共交通機関がストップしているなど、帰宅が困難な状況が想定される場合には、倉庫を避難所として従業員を留まらせる判断もあり得る。その際は、備蓄している水や食料などの備品を放出することも必要だろう。

　社用車や管理者の自家用車で従業員を輸送することも緊急手段としてはあるが、内閣府の指針によると、渋滞によって円滑な避難が妨げられぬよう原則徒歩での避難となっている点に留意したい。

②汚破損した設備・在庫の復旧

　地震の揺れによってラックの転倒・荷崩れ・自動倉庫やソーター（自動仕分け機）の破損など、設備や在庫への被害が想定される。比較的小規模な地震であっても、小さな破損や荷崩れに気づかずに作業を継続すれば、ミスや事故につながりかねない。地震に限らず、普段から異変を感じたら作業・設備を止める、管理者に報告する、指示を待つ、という

ことを従業員に徹底させ、それに対して管理者は、目視で現場の安全が確認できしたい、作業の再開指示を出すという一連の流れを徹底し、習慣化するべきである。

　大きな揺れによって庫内設備・在庫が汚破損した場合、倉庫の建屋自体の安全が確認できた後、設備の復旧を試みる。転倒したラックやネステナ（パレット単位での在庫保管に適したスチールラック。ネスティングラックとも言う）があれば立て直す。在庫については、販売可能なものと、そうでないものの検品作業が必要である。また在庫保険に加入しているのであれば、その請求に必要な文書の作成を行う。

　設備の破損や在庫の汚損は水害においても発生する。地震と同様に安全確認の徹底と在庫検品や保険請求処理を行うことが必要だ。

③入出荷車両の遅延に対するイレギュラー対応

　地震・風水害・大雪の場合、入荷のトラック・コンテナ、出荷のトラックが遅延、到着しないことが想定される。入荷について倉庫側としては、仕入先に問い合わせのうえ待つか、入荷しなかった場合はその商品を除外して出荷作業を行うほかない。出荷については、取引のある他の輸送会社に依頼して、緊急で車両を手配できればベストだ。そのために、通常時から複数の輸送会社と取引関係を持つか、多数の輸送会社を傘下に持つ物流会社に輸送を委託することをお勧めする。

④資材の枯渇

　自然災害発生後にしばしば起こるのが、出荷作業に必要な段ボール・緩衝材などの資材が業者の納入遅延により枯渇してしまうことだ。倉庫の業務では在庫商品を要求された品質で保管、取り扱うことに目が行きがちだが、商品を保護し顧客まで届けるための資材の量を日々管理することもまた大変重要である。資材在庫が尽きるタイミングに資材の追加納入が間に合わなければ、出荷作業を行う上ではかなり手痛い。そうな

らないために、普段から日々の使用量と資材の納入リードタイム、さらに出荷量の振れ幅を加味した資材管理が必要である。

それでもなお枯渇してしまった場合は、通常と規格が異なっても近隣のグループ倉庫や業者から同種の資材を緊急調達する、段ボールの場合は入荷箱を再利用する、といった手段を検討する。

⑤大量のオーダーキャンセル

自然災害の発生後は、顧客から急遽キャンセルが入ることも想定される。出荷作業途中、作業完了後のキャンセルは、キャンセル分の荷物を選り分け、システム上のキャンセル処理・棚戻しをすることになる。

■電力不足・停電

地震や台風では、停電も備えるべき事象となる。停電時の倉庫の対応について述べる。

まずは東日本大震災後に発生したような、停電の日時が事前にわかっている計画停電の場合についてである。自動倉庫やソーターなど、電力を必要とする出荷作業であれば、可能な範囲で作業を前日に前倒す。また、当日の引き当てやピッキングリストの出力なども前日に行うなど、停電時間帯が出荷作業のボトルネックにならないよう工程計画を組む。停電の時間帯も、作業が可能な庫内の照度を確保できるのであれば、リストピッキングなど電力を使用しない作業に切り替えるのもよいだろう。入出庫実績は後追いでシステムにデータ反映する。

停電の際に気を付けなければならないのは、温度管理品である。最近の物流施設は予備電源を備えていることも多いが、予備電源でまかなえるのは、庫内の照明を維持できる程度の最低限の電力と考えた方がよい。よって冷蔵・冷凍倉庫の電源を維持するためには、発電機や移動電源車を手配し、当該時間帯はそちらに電源を付け替えるというのが取りうる手段だ。

一方、予期できない自然災害による停電の場合はどうするか。まずは、電力を用いる出荷作業はストップせざるを得ない。庫内の安全が確認できており、予備電源で必要最低限の照明を復旧できるならば、システムやハンディターミナルなど機器類を使用しない手作業に切り替える。

また、予期しない停電の場合、温度管理品については一定の在庫ロスが出てもやむを得ない。ただし、温度管理品は商品によって温度変化を許容する時間が決められている。冷蔵・冷凍倉庫内の温度変化を記録するデータロガーというものを用いて、平時から温度管理を徹底していれば、許容時間を超えてしまった商品のみに在庫ロスを抑えることができる。冷蔵・冷凍倉庫が停止したからといってすべての在庫を廃棄せずに済む。

また、昨今は自然災害に起因しない計画停電、つまり日本国内における電力供給能力低下に起因する計画停電にも注意を払わなければならない。特に、2022年は電力供給における不安要素が顕在化している。2022年2月に始まったロシア―ウクライナ問題により、火力発電の燃料である原油や液化天然ガス（LNG）の供給が世界的に不安定な状態にあるほか、2022年3月に発生した福島沖を震源とする最大震度6強の地震により14基の火力発電所が停止、東日本エリアで電力供給のひっ迫が深刻となっている。こうした事態が続けば、電力消費が高まる真夏、真冬の時期に計画停電が実行されても不思議ではない。

■システム障害やマテハンの不具合

システム障害やマテハンの不具合は平時でも起きうる。基幹システム・WMS間、あるいはWMS・マテハン間の連携ができない、ハンディターミナルやプリンタの通信障害などがそれだ。

なお、マテハンはマテリアルハンドリングの略語であり、本章では倉庫内のフォークリフトやコンベア、ソーター（自動仕分け機）などの機

器を指して用いる。また、倉庫現場の業務実行を支援するのがWMS、WMSに対して出荷指示を連携し、WMSから各種実績データを受信するのが基幹システム、という関係性のもとで以降の説明を進める。

　システム障害時はIT部門による復旧対応を待つが、その間に現場としてはどのようなことができるか。基本的には、システムを介さずに行うことができる作業を進め、システム復旧後に実績を反映する。システム・マテハンに関してよくある不具合をケースごとに述べる。

①基幹システムからWMSへ出荷指示を連携できない

　何らかのシステム障害によって出荷指示が連携されないという事象はしばしば起こる。その場合は、緊急の措置として受注担当部署から受注データをExcelやCSV形式で受領し、WMSにアップロードする。

②WMSとプリンタ・ハンディターミナル・各種マテハンが連携できない

　出荷指示をWMSへ無事連携できたとして、WMSの不具合や庫内の通信障害のためにピッキングリストを出力できない、ハンディターミナルとの連携ができない、マテハンの制御システムとの連携ができない、といったこともある。そのような場合は、出荷指示データと在庫データを手動で突合して即席のピッキングリストを作成するなどして、当日出荷分や優先顧客のオーダーを対象にマニュアルピッキングに切り替える。ピッキングの実績は、後追いでデータ反映する。

③コンベア・ソーターなどの物理的な故障

　システムの不具合のほか、庫内のコンベアやソーターといった機械の故障もある。補足すると、ソーターとは商品の投入口と多数の間口を持つ自動仕分け機のことである。各間口に出荷先のデータが割り当てられ、商品を投入すると、出荷先の間口に自動的に商品が入るようになっている。

　これらの機械はセンサが多く用いられており、一部のセンサが破損すると全体の動作に影響を及ぼすことがある。

　筆者も倉庫管理者の頃、ソーターが故障し作動しなくなった経験がある。ソーターによる仕分けと、ハンディターミナルによる出荷先単位でのピッキングが同時並行で行われるオペレーション設計であったため、生産性は劣るものの、故障発生後はハンディターミナルでのピッキングに切り替えて対応した。

　危機発生後、現場で判断・対応しなければならないことを地震・風水害・大雪、電力不足、システム障害のケースで述べてきた。ここで、危機発生時の現場対応にあたって平時から意識していただきたいポイントを2つ述べる。

　1つ目は、代替手段に切り替えるための準備である。これまで述べてきた対応の方向性として、「その時々で取りうる手段に切り替える」というものが多かったと思う。ただ留意したいのは、いざ切り替えが必要な場面に直面した時、スムーズに移行できるかということだ。例えば「③コンベア・ソーターなどの物理的な故障」の例では、ソーター故障のため、ハンディターミナルでのピッキング作業に切り替えた。しかしこの時、ソーター作業者の人数に対してハンディターミナルの台数が圧倒的に足りず、作業者があふれてしまった。かつ、ほとんどの作業者はソーターでの仕分け作業以外の担当経験がなく、急にハンディターミナルで作業するとなると初歩的な手順説明が必要であった。不具合が起こってからではなく、普段から手段の切り替えにおいて従業員のスキルやリソース（この例でいうハンディターミナル）が制約にならないか考慮することが重要である。

　2つ目は、有事における現場の指揮命令系統を決めておくことである。繰り返すが、復旧スピードを加速させるには、現場の迅速な判断と対応が重要である。そのためには、「有事の際は現場主導で対応する」

ことを前提に指揮命令系統などをあらかじめ決めておくべきだ。その現場の管理責任者、責任者不在の場合は代理者が本社統括部門の指示を待たずに危機発生時の対応を判断・実行する権限を有するということを明文化する。

　これらのポイントを押さえた現場主体の対応は、危機発生後の復旧スピード加速に必ずつながるはずである。

5 危機発生時の被害を最小化する

　ここまで論じてきたことを踏まえると、レジリエンスとは「復旧に至るまでのスピード」であると言って差し支えないだろう。「4. 危機発生後の復旧スピードを加速させる」では、復旧プロセスを短期化するための取り組みとして、平時の備えと、危機発生後の現場対応について述べた。復旧プロセスを短期化するもう一つの方向性として、「被害の最小化」がある。被害の最小化は、平時における取り組みが重要となる。

　被害を最小化するための打ち手は大きく2つに分類できる。一つは、物理的に被害を小さくするための「被害低減対策」、そしてもう一つは「リスク分散」である。それぞれについて詳しく述べる。

● 被害低減対策

　着手が容易、かつ低コストの事前対策としては、物流現場の在庫状況や設備の見直し、補強であろう。収容効率を優先して、地震の振動で落下しそうな在庫の積み方をしていないだろうか。もしそのような状態であれば、数量を多く積載でき、かつ崩れにくい積み方に見直すべきだ。方法についてはここでは詳しく述べないが、箱が交互に重なる井桁積みやピンホール積みといった積み方は安定性が高い。

　在庫の積み方だけでなく、ラックやネステナといった在庫棚の補強も地震の被害を最小化するのに有効である。在庫棚が倒れれば、在庫が破損するだけでなく、従業員のケガにもつながる。また、倒壊した在庫棚の復旧にも多大な工数がかかる。なお、耐震性に優れた在庫棚も開発されている。いずれの製品も一般に流通しており入手も比較的容易なため、危機発生時の被害を最小化するためにも早めに導入を検討すべきだ。

　また先に述べた内容と比べ取り組みの規模は大きくなるが、拠点の耐

震工事、建て替え・移転も被害最小化の事前対策である。

　2015年の調査によれば、首都近郊に立地している物流施設のうち、事業所数ベースで約30％、延床面積ベースで約25％が1970年代以前、すなわち1981年の耐震基準改正前に建設された建物であった。

　近年は、専門のデベロッパーによって最新のマルチテナント型物流施設が多く開発されている。マルチテナント型とは、複数の荷主企業や物流事業者の入居を前提に開発された物流施設のことで、トラックやコンテナトレーラーが着車しやすい構造と、扱う商材を問わない汎用性の高さが特徴である。反対に、特定の企業のためにオーダーメイドで建設される施設はBTS（Build To Suit）型という。

　マルチテナント型物流施設には耐震性の高さをアピールする物件も多い。被害最小化のための移転先として有力である。また、マルチテナント型の物流施設はアクセスしやすい、荷役作業上の利便性が高い、休憩スペースなどが充実しており従業員が働きやすいといった機能性も兼ね備えている。

● リスク分散
①物流拠点の複数化

　販売機会を逃さず、顧客が要望するリードタイムで商品を届けるために物流拠点の分散化が必要、という考え方のもと、全国に多くの物流拠点が設置された時代もある。ただ、物流拠点は少ないほどコストメリットは高いため、近年では、納品リードタイムの見直しなどを進めることによって、できるだけ物流拠点を集約化しようとする企業も多い。

　しかしながら、拠点集約化は有事に弱い。すなわち拠点数（コスト）と事業停止リスクはトレードオフの関係にある、ということも東日本大震災後、あらためて強く認識されたように思う。

　物流拠点を全国に1カ所のみ設置している場合、天災やその他の危機によってその物流拠点が稼働できなくなることは即、事業の停止を意味

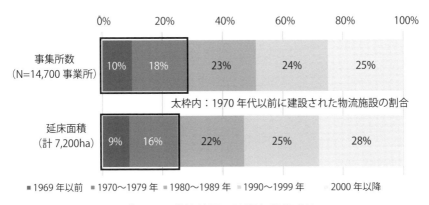

図表5-8　物流施設の建設年代構成比

出典：東京都市圏交通計画協議会 第5回物資流動調査「東京都市圏の望ましい物流の実現に向けて
　　　平成27年12月」を加工して作成
URL：https://www.tokyo-pt.jp/static/hp/file/publicity/01_151216.pdf

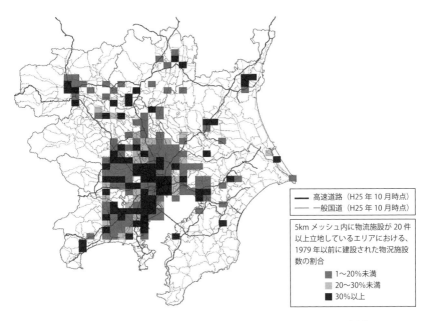

図表5-9　1979年以前に建設された物流施設の立地割合

出典：東京都市圏交通計画協議会 第5回物資流動調査「東京都市圏の望ましい物流の実現に向けて
　　　平成27年12月」p.2-49
URL：https://www.tokyo-pt.jp/static/hp/file/publicity/01_151216.pdf

する。複数の拠点を有することで、稼働100の状態から突然0になることを防ぐことができる。つまり、危機による機能の喪失幅を小さくすることができるのだ。

拠点の分散や再配置は、コストとサービスレベルのトレードオフで議論されることが多いが、リスク分散を加えた3つの軸で検討するべきだろう。つまり、コストや地理的利便性だけでなく、設置予定地域の安全性（水害が起きやすくないかなど）や、危機発生時の他拠点との役割分担も考慮して検討する必要がある。

②ITインフラの冗長化

ITインフラに関しても物流拠点と同様、一時は集約化の傾向が強かった。データセンターを集約し、オペレーションをまとめることで、効率化とコストダウンを目指したのだ。

しかしながら、物流拠点と同じで、サーバーやネットワークが一つしかない場合、いざシステム障害が起きると、業務が即ストップしてしまう。医療関連など公共性の高い商材を扱う場合は絶対に避けなければならない事態である。したがって、物流業務システムで利用するサーバーやネットワークを複数化（冗長化）することで、事業停止リスクを分散することが必須である。

冗長化の方法としては、障害発生時のみ稼働する予備システムを設置し、システム障害によりストップしてしまった処理を引き継がせる方式や、通常時からシステムを複数稼働させ負荷を分散する方式がある。いずれも冗長化の分だけコストは増大することになるので、有事において死守すべきシステム、ネットワークの範囲はどこまでにするのかを線引きすることが肝要である。

●「フィジカルインターネット」は最強のリスク分散となるか

「フィジカルインターネット」という言葉が物流業界で聞かれるよう

になった。経済産業省でも「フィジカルインターネット実現会議」が設置され、2022年3月には日本における実現に向けたロードマップを策定・公表した。

　フィジカルインターネットは、情報通信のインターネットの考え方を物理的世界、モノの流通に適用したコンセプトである。インターネットは、データをパケットという単位で小分けにし、共通の通信規定（プロトコル）を定めたことによって実現した。従来は企業などの組織単位に独自のネットワークが乱立しており、同じネットワークに属する相手としかデータの授受ができず、異なるネットワークと接続するには、これまた個別のインターフェースを構築する必要があった。しかし、インターネットの登場によりネットワーク同士が相互につながることが可能になったのだ。

　この考え方を物流に当てはめると、現在基本的に取引のある企業間でのみ共有されている倉庫や輸配送網といった物流リソースを、企業の取

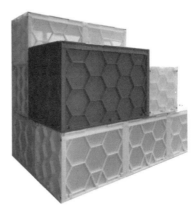

図表5-10　MODULUSHCA プロジェクト
モジュラーボックスのプロトタイプ

出典：Landschützer, C., Ehrentraut, F. & Jodin, D. Containers for the Physical Internet: requirements and engineering design related to FMCG logistics. Logist. Res. 8, 8 (2015).
URL：https://doi.org/10.1007/s12159-015-0126-3

引関係を超えて共有し、荷物の発着を行うということになる。これを実現するためには、輸送形態の規格化や、リソースの利用状況を一元的に把握できるようなITシステム、運用の統一が必要となる。

　つまり、フィジカルインターネットの実現に向けては各企業が出荷や物流リソースに関する情報をオープンにし、統一のシステム・オペレーションに合わせていかなければならない。誰がそれをリードしていくのか、利益をどう配分するのかなど、ハードルは途方もなく高く、企業の利害関係、しがらみを超えて実現できるものだろうかと疑問に思われる方も多いのではないか。

　しかし国際的には、EU・米国を中心に、企業や大学が参画しフィジカルインターネットの実現と物流改革を目指す団体が設立され、本格的な検討や実証実験が展開されている。具体的には規格化されたコンテナ（モジュラーボックス）のプロトタイプ開発や、フィジカルインターネットの実現に必要なITプラットフォーム（ユーザー企業間で車両情報、配送状況、支払い情報などを連携する基盤）のあり方の検討が推進されている。日本においても、こうした国際的な動きに追従し、2022年4月現在、消費財領域におけるアクションプラン検討が先行して進んでいる。

　フィジカルインターネットが実現すると、ITプラットフォームによってその時々で最適な保管・輸配送手段がマッチングされる。単一の物流事業者に依存することなく、広範なリソースの中から物流の手段が選ばれることになるので、荷主にとっては結果的に事業停止のリスク分散となるのである。

6 レジリエンス向上の先にある「サステナブル」

● 高いレジリエンスの獲得に向けて

「レジリエンス」というと目新しい言葉に感じられ、どんな先進的な知見や技術によって実現されるものだろうかと無意識にハードルを上げてしまいがちであるが、実際は地に足のついた取り組みによってのみ、確立されるものではないだろうか。

復旧スピードを加速させるという観点で、平時と危機発生後の取り組みに分けて述べた。平時においては、全社的な取り組みとしてBCPの策定を推進する。BCP策定の活動の中身は、優先事業の選定と業務プロセスおよび必要リソースの整理を実施、代替手段に落とし込むという取り組みである。BCPの策定に加え、演習と訓練を行うことも実行性を高めるために重要だ。そして、危機が発生したら、現場が主体的に判断し、状況をコントロールする。本章では現場の対応について、過去の経験を踏まえて重点的に述べたが、要約すると以下の3つの対応に分けられる。

①待機

事態が収拾するのをただ待つ。IT部門によるシステムの復旧など。

②手段の代替

停電の場合、電力を使用する作業をマニュアル作業に切り替えるなど。

③QCD（品質・コスト・納期）の調整

出荷用段ボールがなくなった場合、見栄えは悪くとも入荷箱で出荷する、別途費用がかかるが緊急のチャーターを手配する、緊急対応として納期の後ろ倒しを荷主と調整する、など。

こうした物流現場における判断・対応は、大地震のような甚大な被害をもたらす危機だけでなく、年に数回起こりうる台風やシステム障害の際にも行われているはずだ。こうした比較的小規模の危機から教訓を見出し、予備の電源を備える、複数の輸送・資材業者とのリレーションを維持する、従業員を多能工化すべく教育を行うなどの準備を行う。そうすることで、大規模な危機が発生した時にも柔軟に機能を維持し、早期に復旧へつなげることができるのではないか。

　また被害を最小化するという観点で、平時からの事業のリスク分散についても述べた。物流拠点やITインフラの設置に関して、集約による効率化・コストダウンのトレンドもある。しかし、有事の際の事業早期復旧を目指す上で、事業全停止を免れるために、物流拠点やITインフラの複数化は必須と言える。これらの設置に関しては、コストとサービスレベルだけでなく、リスク分散の観点も含めて検討すべきだ。

● 社会的責任としてのレジリエンス向上
　レジリエンスとは、危機において柔軟な竹のように事業を維持し、またすばやく復旧する力である。有事の際に損失を出さない、また市場シェアを奪われない、という一企業の利益確保も当然レジリエンス向上の目的であるが、それだけではない。様々な課題を抱える日本の物流を将来にわたって維持していく、すなわち、サステナブルなものにするために、物流にかかわる企業の「社会的責任」としてレジリエンス向上について真剣に考えなければならない。

第 **6** 章

変わる社会環境、変わる物流

　第3章から第5章まで、「日本型サステナブル・ロジスティクス」を実現するための打ち手を考えてきた。しかし、打ち手の背景にある、物流に関する様々な課題が時代とともに変化すれば、当然その打ち手についても変えていかなければならない。そこでこの課題がどのようにして発生するのか、物流を構成する要素から紐解いていきたい。

1 物流の変化を捉えるために

● 物流の変化とは

　物流は「運ばれるモノ」と「運ぶ手段」の2つの要素から成り立っている。さらに、「運ばれるモノ」と「運ぶ手段」それぞれには物量や車両数といった「量」の概念があり、「運ぶ手段」については物流機能やその機能によって提供される物流のサービスレベルという「質」の概念がある。

　「運ばれるモノ」と「運ぶ手段」のバランスが不安定な状態が、一時的あるいは突発的に発生する可能性はあるだろう。しかし、不安定な状態が定常的に続く時には、「日本型サステナブル・ロジスティクス」とは逆の状態であり、これこそが筆者の定義する「物流の変化」である。ここでいう"定常的"とは、数カ月、あるいは年単位に及ぶような中長期的な時間の幅である。

　「物流の変化」、つまり「運ばれるモノ」と「運ぶ手段」が不安定になっている状態の背景には、それぞれに影響する社会や環境の変化が存在するはずである。そして「物流の変化」から物流に関する「量」「質」と様々な課題が発生する。つまるところ社会や環境が変われば、それによって生じる物流に関する様々な課題も変化していく、ということである。

　"定常的"な状態で生まれてくる課題に直面した時、打ち手を場当たり的に講じてもその場凌ぎのものになるか、あるいは即効性のあるものとはならず、根本的な解決に至ることは考えにくい。そこで、今後の「物流の変化」を今のうちから捉え、備えることが重要になってくる。

　本章では、今後の社会や環境の変化と、それに伴う「物流の変化」に注目する。多くの政策や予測が2050年頃にマイルストーンを置いて検

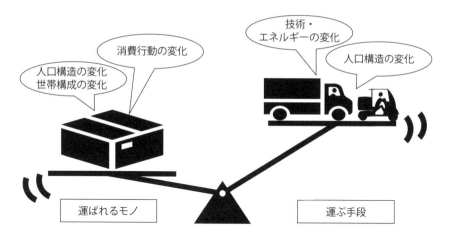

社会や環境の変化によって「運ばれるモノ」と「運ぶ手段」のバランスが
不安定な状態が続くと、「物流の変化」が発生する

図表6-1　「物流の変化」のイメージ

討されていること、2050年よりさらに先の未来となればなるほど、不確定要素が多く、現実的な路線で考えることが難しいため、2050年頃までの社会や環境の変化、物流の変化に触れたうえで、日本型サステナブル・ロジスティクスに影響しうる変化について考えていく。

● 物流の変化を捉えるための観点

　先に述べたように、「物流の変化」の背景には、社会や環境の変化が存在する。そのうち、企業が主体的に関与できると考えられる以下の観点をピックアップし、「物流の変化」を捉えるために今後の社会や環境の変化の事象を考えていきたい。

・人口構造と世帯構成の変化が与える物流への影響
・消費行動の変化が与える物流への影響
・技術の進化やエネルギー環境の変化が与える物流への影響

2 人口構造と世帯構成の変化が与える物流への影響

● 少子化と超高齢社会

　日本では生産年齢人口が減少している。その要因は少子化が進んでいることにある。「令和3年版少子化社会対策白書」（内閣府）によると、合計特殊出生率は今後2015年と同程度の1.44程の数値で推移し、2053年には総人口は1億人を割り込むとの予測が出ている。今後出生率が減少していくことから、年少人口（15歳未満）の割合が小さく、高齢者の割合が大きいという人口構造は現在よりさらに際立ったものとなる。年少人口は、2056年には1,000万人を割り、2065年には898万人規模と推計され、総人口に占める割合は、2065年には10.2％となると予想され

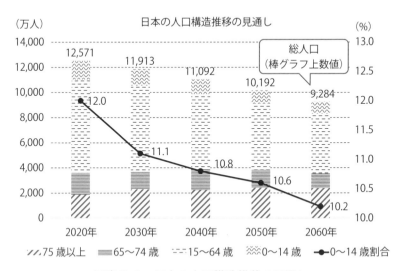

図表6-2　日本の人口構造推移の見通し

出典：内閣府「令和3年版少子化社会対策白書」を加工して作成
URL：https://www8.cao.go.jp/shoushi/shoushika/whitepaper/measures/w-2021/
　　　r03pdfhonpen/pdf/s1-1.pdf

ている。一方で65歳以上の人口は、2042年に3,935万人でピークを迎え、その後減少し、2065年には3,381万人、同年で総人口に占める割合は38.4％となる見込みだ。労働人口とされる生産年齢人口（15〜64歳）については、2056年には5,000万人を割り、2065年には4,529万人で総人口に占める割合は51.4％になるとされている。

　このように人口構造が変化していく時、物流では「運ぶ手段」「運ばれるモノ」の両方への影響が考えられるが、特に影響が大きいのは「運ぶ手段」つまり物流に従事する労働力の減少だろう。第3章で述べたように、人手不足が今後加速していく中では、その分、物流業務の効率を上げることや、自動化を進めることを検討しなくてはならない。

　また、少子化による労働人口減少とともに高齢者の割合が増加し続けることを考えると、現在の生産年齢人口の64歳までという括りを越え、働き手を増やすために健康な高齢者が働くことができる環境を構築していくことが求められる。経済産業省に設定された2050経済社会構造部会資料「2050年までの経済社会の構造変化と政策課題について（平成30年9月）」によれば、近年の高齢者の体力、運動能力は向上する傾向が続いており、平成27年度の調査においては、70代前半の高齢者の能力は14年前の60代後半と同程度との結果が出ているほか、高齢者の歩行速度についても向上傾向が見られ、1997年〜2006年の10年間で10歳程若返っているとのデータも出ている。また、同資料では、高齢者の”若返り”に加え、生涯現役で働き続けたいと考える人たちの割合も高く、就労中の60歳以上の高齢者のうち、70歳以降も働き続けたい人の割合が8割にのぼるという調査結果が公開されている。

● 単独世帯、共働き世帯の増加によるライフスタイルの変化

　すでに利用率が高まっているECだが、その要因のひとつとして、世帯構造の変化がある。国立社会保障・人口問題研究所「日本の世帯数の将来推計（全国推計）」（2018年推計）によると、一人暮らし、つまり

「単独世帯」は2015年の1,842万世帯から増加を続け、2040年には2015年より153万世帯多い1,994万世帯となり、一般世帯総数に占める割合も2015年の34.5％から2040年の39.3％へ4.8ポイント上昇する予測が出ている。

　また、共働き世帯についても見てみよう。男性雇用者世帯のうち共働き世帯の割合は1989年では42.3％であったが、2019年では66.2％まで増加している（令和2年版　厚生労働白書）。さらに、「男女共同参画白書 令和2年版」（内閣府男女共同参画局）において、「女性が職業をもつことに対する意識」に関する調査では、「女性は出産した後も職業を続ける方が良い」と考える割合が男女ともに増加傾向にあることから、共働き世帯数は今後も増加傾向が続くと考えられる。

　単独世帯や共働き世帯といった今後も増加が見込まれる世帯では、特に共働き世帯を中心にECの利用率が高まっていることがわかっている（「令和2年度 年次経済財政報告」、内閣府）。また単身世帯については、特に世帯主年齢65歳以上の世帯の中で単独世帯が増加傾向にあり、2040年には40％に達する見込みである（「令和2年版 厚生労働白書」、厚生労働省）。単身世帯の高齢者にとって、生活に必要なモノが自宅まで配達されるECの需要はますます高まることだろう。こうした今後のEC利用拡大に伴い、宅配取り扱い個数もさらに増加していくことが考えられる。第3章で述べた通り、2020年度時点での宅配便取扱件数が48億個であるのに対し、筆者の試算では2030年度の宅配便取扱件数は60億個となる。

● 過疎地の人口減少と都市部への人口の集中

　国土交通省の国土の長期展望専門委員会最終とりまとめ参考資料によると、「2050年には、全国の居住地域の約半数で人口が50％以上減少し、人口の増加がみられる地域は都市部と沖縄県等の一部の地域に限られ」、国土の2割が無居住化すると予想されており、過疎地と都市部の

人口格差はさらに顕著となっていく。三大都市圏の中でも特に東京圏への転入超過数は増加傾向で、東京への一極集中の状態は継続の見通しである。2022年現在の岸田政権が掲げる施策では、デジタル技術の活用により地方での生活の利便性を向上させ、地方へ向かう人の流れを生み出すことを目的とした取り組みが盛り込まれているが、現時点では都市圏への人口集中を回避できるかどうか、明らかではない。

● 人口構造と世帯構成の変化から考える今後の「物流の変化」

　ここまで述べてきた人口構造の観点から「物流の変化」を考える。宅配便の取り扱い数が増加していくこと、今後の日本の人口構造を踏まえると、人手不足の課題は現在同様に付きまとうことになるとは言え、第3章で述べてきた打ち手は引き続き有用であるに違いない。人手不足は倉庫・配送のいずれにも影響するが、ここでは配送のシーンを中心に「物流の変化」を見ていく。

　2021年4月1日に施行された改正高年齢者雇用安定法では、65歳までの雇用確保（義務）に加え、65歳から70歳までの就業機会を確保するための努力義務が設けられた。この法改正によって、高齢者の就業人口は今後も増加していくと考えられるが、物流業界ではどのように対応していくのだろうか。物流業界においてはすでにトラックドライバーの高齢化が問題となっているが、高齢者の新たな活躍の場や安定して働き続けられる場を提供していく必要がある。先に述べた60歳以上の高齢者を対象とした調査では、8割の高齢者が70歳を越えても働き続けることを希望しているとの結果が出ていることからも（経済産業省2050経済社会構造部会資料「2050年までの経済社会の構造変化と政策課題について（平成30年9月）」）、高齢者人材の活用には一考の余地がある。

　例えば、長距離のトラック運転や、足腰を酷使する倉庫内の作業などは難しいと思われるが、徒歩や自転車を用いたラストワンマイルの個配においては、高齢者を配達員として活用できる可能性がある。この配達

員は運送会社の社員に限らず、一般の高齢者人材を現在のフードデリバリーに見られるギグワーカー（Gig worker・インターネット上のプラットフォームサービスを通じ単発の仕事を請け負う労働者）のような形で取り入れることも考えられるだろう。高齢者にとって、無理のない範囲で自分に合った仕事量や働き方を選ぶことができれば、健康を保ちながら収入を得ることで、生活の質を向上させることにもつながる。

　また、高齢者の割合の増加、過疎地域と都市部の人口格差の広がりから、物流ネットワーク維持は大きな課題となるだろう。日本の労働人口が減少し、物流における「運ぶ手段」も減少するなか、過疎地への物流網を維持するためには、モノを運ぶ担い手を広く捉える必要が生じてきており、物流業界の競合各社同士の協力が始まりつつある。例として、2017年に開始された貨客混載の規制緩和は、人の運送を担う「運ぶ手段」についても貨物の運送に活用しようという取り組みである。2020

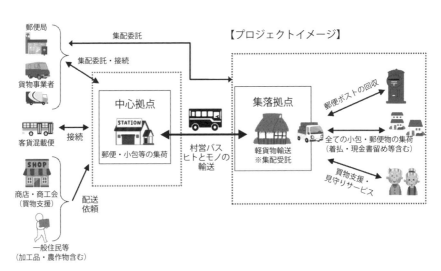

図表6-3　「カリコボーズのホイホイ便」のイメージ

出典：宮崎県西米良村 資料「中山間集落のひと・もの輸送システム構築事業―カリコボーズのホイホイ便プロジェクト―」

URL：https://www.mlit.go.jp/common/001126983.pdf

年 3 月に宮崎県西米良村でヤマト運輸、佐川急便、日本郵便の 3 社と村営バスの協業が開始されたように、過疎地の足を担う路線バスが貨物も積載するという、旅客と貨物のネットワークの同化が進んでいる。

　この「カリコボーズのホイホイ便」と名付けられた配送事業は次のような仕組みだ。各宅配事業者が村の中心拠点まで荷物を運ぶ。中心拠点から先は村営バスが人と荷物を載せ、集落拠点まで運ぶ。そしてその先の各戸への配送は、各宅配事業者から集配委託を受けている、村の職員（委託配達員）が担う。当該地域の物流ネットワーク維持だけでなく、宅配事業者にとってはラストワンマイルの配送業務の負担が軽減される。昨今のドライバー不足に対する打ち手であると同時に二酸化炭素の排出量削減も想定された取り組みとなっている。この事例のように、地域の物流ネットワーク維持のため、大手宅配事業者各社が貨客混載を活用するケースは、過疎地を中心に今後さらに増えていくことが予想される。

3 消費行動の変化が与える
物流への影響

● マス・カスタマイゼーションから考える今後の「物流の変化」

　人口構造の観点のなかで、EC拡大について触れた。EC拡大の要因として共働き世帯や高齢者の単身世帯の増加を挙げたが、消費行動という観点からも見てみよう。

　2019年から拡大した新型コロナウイルス感染症は、私たちの生活に大きな影響を与えている。消費行動への影響として、新型コロナウイルス感染症の拡大は、インターネットを通じたECの利用に加えて、従来の所有型サービスではなく、動画視聴サービスなどの消費型サービス形態の利用をさらに押し進めたと言ってよいだろう。こうした流れは、コロナ禍以前はインターネットを利用した各種サービスに明るい若者世代を中心に進んでいたが、新型コロナウイルス感染症の感染拡大以降の外出自粛などの行動制限によって、幅広い消費者層において加速している。これを受け、企業側でも消費型の新たなサービス形態を打ち出す動きが見られ、その取り組みのひとつとして「マス・カスタマイゼーション」が挙げられる。

　経済産業省「IoT等のデジタルツールの活用による生活の質の向上に関する研究会」（https://www.meti.go.jp/policy/mono_info_service/mono/fiber/downloadfiles/01_report.pdf）の報告書によれば、マス・カスタマイゼーションとは、「従来のように、一定の規格品を大量に生産・販売する、あるいは、オーダーメイドの商品を一点ずつ生産・販売するのとは異なり、IoT 等のデジタルツールを活用することで、オーダーメイドと大量生産を両立させようとする試み」であり、「個々の消費者の好みや体型等のデータに応じた個別の受注と生産システムをデジタルツールで連携させることで、従来の大量生産と同様の効率性で、

オーダーメイドの一点物を生産・販売する」取り組みである。主に私たちが普段利用する生活製品について、商品の企画から製造、流通、販売までの工程においてAI・IoTなどのデジタルツールを活用し、顧客と直接の接点を持とうとする動きが広まってきている。

アパレル業界ではこうしたマス・カスタマイゼーションの取り組みが顕著だ。同報告書にて紹介されているセーレンは、繊維加工技術にITを融合したデジタルプロダクションシステム「Viscotecs（ビスコテックス）」を開発・展開している。Viscotecsは、47万通りの組み合わせの中から、洋服の型、柄、色を個人の好みに合わせて発注することができる。同社の店舗に設置されたデバイス上で商品を発注すると、その発注情報が工場に即時に転送され、生産が開始される。店舗が在庫を持つことなく、顧客が「欲しいものを、欲しい時に、欲しいだけ」生産する仕組みとなっている。

マス・カスタマイゼーションは、DtoC（Direct to Customer）と呼ばれるメーカー企業などが自社商品を 自社EC サイト上で直接消費者に対して販売するビジネスモデルに含まれる。自社ECサイト上で直接消費者に対して販売する場合、直販店で対面販売する際と同じように、自社ブランドを直接的に訴求することが可能であり、消費者と直接的なつながりも持ちやすいという特徴がある。経済産業省が行った電子商取引に関する市場調査（令和２年度）によると、売上上位企業の中には自社ECサイトと大手 EC プラットフォームへの出店・出品を併用している企業が多く、こうした企業は、自社ECサイト、大手ECプラットフォームの特徴を踏まえて併用し、バランスを取っている。同調査において「当面この傾向は続く」と予想されているため、幅広い世代でECの利用と消費型の新たなサービスの利用が受け入れられてきていることを考慮すると、DtoCを念頭に置いたマス・カスタマイゼーションが企業の販売戦略上で有用と判断され、さらに拡大していくことは十分に考えられるだろう。

マス・カスタマイゼーションでは、顧客に合わせたオーダーメイドのサービスと大量生産が両立していくことになる。これが様々な業種で拡大していった時、物流にはどんな影響が発生するだろうか。考えられるのは、顧客に合わせた商品を提供していくことが、個別の宅配貨物の増加に繋がることだ。顧客の注文に応じたオーダーメイド品が増えていくということは、その発注に伴う宅配の件数も増加する。こうなると増加する「運ばれるモノ」に対して「運ぶ手段」が対応しきれないという人手不足の課題が生じるだけでなく、オーダーメイド品ならではの問題も考えられる。例えば、規格品とは異なる形状ゆえの保管場所の圧迫、トラックへの積み込み・積み下ろし作業への影響である。

● サブスクリプション・サービスの拡大から考える「物流の変化」

消費行動の変化として、サブスクリプション・サービスの拡大も挙げておきたい。サブスクリプション・サービスとは、サービス提供者と契約し、月額などで定額を支払うことで、その契約期間中、商品やサービスを利用できるものだ。動画配信サービス・音楽配信サービスなどのデジタルコンテンツ分野を中心に拡大が続いている。

国内のBtoCサブスクリプション市場規模[※]は、2021年度はエンドユーザー（消費者）支払額ベースで約9,615億5,000万円であったところ、2024年には約1.24兆円に達するとの予測で、市場成長は今後も続く見通しである（**図表6-4**参照）。同市場には、デジタルコンテンツ分野のみならず、衣料・ファッション、外食、教育、食料品、飲料、化粧品等といった幅広い業界が参入している。例えば、家電レンタルサービスのレンティオと掃除ロボット「ルンバ」のメーカーであるアイロボットジャパンは、毎月の定額プランでルンバを利用できるサブスクリプション・サービスを展開している。また、ヘルスケア分野では、メニコンが月々の定額制でコンタクトレンズを利用できるプランを提供している。

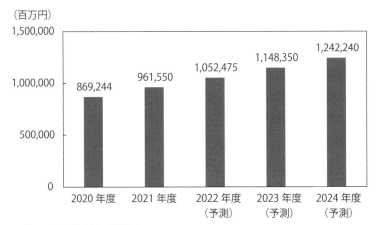

（百万円）

注 1. エンドユーザー（消費者）支払額ベース
注 2. 市場規模は消費者向け（B to C）として、①衣料品・ファッションレンタル、②外食サービス（外食等の食品・飲料提供における定額サービス）、③生活関連サービス（家具・家電・日用雑貨・家事関連）、④多拠点居住サービス（月額定額で短期間に住み替える、もしくは複数の住居に自由に住み替えることのできるものであり、シェアハウスやマンスリー系賃貸住宅は対象外）、⑤デジタルコンテンツ［月額定額で利用できる音楽と映像サービス、語学教育サービス（インタラクティブコンテンツ、但し通信教育は対象外）］、⑥定期宅配サービス（定期購入システムのプラットフォームを利用して提供される食料品や飲料、化粧品類等の当該品頒布会・定期販売サービス）の 6 市場を対象とする。
注 3. 2022 年度以降は予測値

図表6–4　サブスクリプションサービス国内市場規模（6 市場計）推移・予測
※出典：（株）矢野経済研究所「サブスクリプションサービス市場に関する調査（2022年）」2022年6月8日発表　を加工して作成

　サブスクリプション・サービスは、利用すればするほど割安になる、定額の範囲で多様な商品を試すことができる、モノを処分する手間がない、といったメリットが市場の拡大を後押ししている。また、近年では消費者の価値観が変化してきており、従来は一般的であったモノの所有ではなく、「モノの利用」というサブスクリプション・サービスの概念が広く受け入れられるようになってきていることも拡大の要因として挙げられるだろう。

　消費者庁の「平成28年度消費生活に関する意識調査 結果報告書」によると、「できるだけモノを持たない暮らしに憧れる」という考えに対

して「かなり当てはまる」および「ある程度当てはまる」と回答した人の割合が51.9％に上っている。

　「モノを所有するより利用する志向」は特に若者世代で強いことがわかっている。2020年に実施された消費行動に関する調査結果から、「モノを所有するより利用する志向」は10年後にはさらに幅広い年齢層の間で広がることが予想されている（出典：ニッセイ基礎研究所「若者の現在と10年後の未来〜消費行動編 − 消費のデジタル化、新型コロナで変化が加速」https://www.nli-research.co.jp/report/detail/id=64251?pno=1&site=nli）。こうした消費に関する志向の変化も、サブスクリプション・サービスの拡大を後押ししていると言え、今後も利用が広がる傾向が続くと考えられるだろう。その場合、どのような「物流の変化」が考えられるだろうか。

　「モノの所有」ではなく「モノの利用」がデジタルコンテンツ分野以外で広がっていった時には、モノの利用が終了（あるいは契約サービスを変更）する際に発生する「返品」の増加が考えられる。またECの拡大という点でも、「購入時に思っていたものと違ったので返却する」ユーザーが存在することから、今後も返品物流の増加が予想される。ECサイト構築を手掛けるエルテックスによる「通信販売事業関与者の実態調査2021」では、日本におけるEC・通販の返品率は5％〜10％と回答する事業者がもっとも多いことがわかっている。

　一方、米国では返品行為に対する抵抗感が日本に比べ薄く、EC小売業の返品率は25〜40％が標準となっており、返品率の高さという課題に注目したビジネスが活発になっている。米国のハッピーリターンズ（Happy Returns）という企業では、「顧客がワンクリックで返品手続きを行えるアプリの開発と、対面で返品対応ができる相談窓口（リターンバー）を全米2500カ所以上に整備」し、返品ソリューションを提供している。消費者にとっては、返品用の梱包作業が必要なく、最寄りの提携窓口に商品をそのまま持ち込むだけで返品が完結できるメリットがあ

る。また、同社と提携する小売事業者にとっても「返品対応は対面で行ったほうが不正な返品客を排除できるメリットがある」（出典：JNEWS「返品商品の回収を請け負う返品プロバイダーの役割と手法」2021年7月17日配信、https://www.jnews.com/world/2021/017.html)。

　日本でも返品に着目した企業が登場している。システム開発会社のRecustomerでは、オンライン上で消費者・小売事業者の双方がスムーズな返品処理を行えるシステム「Recustomer（リカスタマー)」を提供している。煩雑な返品業務を簡易にしているだけでなく、返品を顧客接点と位置づけ、返金希望者に対し返金の代わりに別商品と交換可能なクーポンを提供し、間を空けずに次の購買行動を促すことも特徴の一つである。集荷については配送業者と連携しており、同システム上で依頼をすれば自動で集荷手配される仕組みである。

　日本ではまだ返品率が低いとはいえ、サブスクリプション・サービスの拡大とともにこうした返品に焦点を当てた仕組みが拡充されていった際には、返品率が高まる可能性は高い。返品物流の仕組みが整わなければ、マス・カスタマイゼーションと同様に「運ばれるモノ」に対して「運ぶ手段」の対応が間に合わない「物流の変化」が発生するだろう。

技術の進化やエネルギー環境の変化が与える物流への影響

● **カーボンニュートラルに向けた取り組みから考える今後の「物流の変化」**

　技術・エネルギーの観点では、まずカーボンニュートラルに向けた取り組みが挙げられる。第4章で触れたように、2050年にカーボンニュートラルを達成するため、様々な産業分野で二酸化炭素排出量削減を目指す取り組みが始まっている。

　同時に、「運ぶ手段」の代表格でもある自動車については、電気自動車（EV）をはじめとする次世代自動車の普及に向けた動きが活発になっている。環境省では、次世代自動車を「窒素酸化物（NOx）や粒子状物質（PM）などの大気汚染物質の排出が少ない、またはまったく排出しない、燃費性能が優れているなどの環境にやさしい自動車」としており、ハイブリッド自動車、電気自動車、プラグインハイブリッド自動車、燃料電池自動車、クリーンディーゼル自動車などを挙げている（出典：環境省「次世代モビリティガイドブック2019-2020」https://www.env.go.jp/air/%EF%BC%91 %EF%BC%8Ejisedai%EF%BC%BBPDF%20 %203.1MB%EF%BC%BD.pdf）。日本自動車工業会によれば、2019年の新車乗用車販売台数のうち、次世代自動車全体の普及率は39.2％となっている。大半はハイブリッド車が占めており、電気自動車およびプラグインハイブリッド車は合わせても1％未満、燃料電池自動車に至っては0.02％に留まっているが、政府としては2030年までに次世代自動車の割合を50％～70％、最終的に2050年に100％を達成しようという目標を立てている（出典：日本自動車工業会「2050年カーボンニュートラルに向けた課題と取組み」、https://www.meti.go.jp/shingikai/mono_info_service/carbon_neutral_car/pdf/004_04_00.pdf）。電気自動車では公共充電施設が足りていないことや充電に時間を

	2019年 （新車販売台数）	2030年
従来車	60.8% （261万台）	30〜50%
次世代自動車	39.2% （169万台）	50〜70%※
ハイブリッド自動車	34.2% （147万台）	30〜40%
電気自動車 プラグイン・ハイブリッド自動車	0.49% （2.1万台） 0.41% （1.8万台）	20〜30%
燃料電気自動車	0.02% （0.07万台）	〜3%
クリーンデイーゼル自動車	4.1% （17.5万台）	5〜109%

※次世代自動車戦略2010「2010年4月次世代自動車研究会」における普及目標

図表6-5　日本の次世代車普及実績と政府目標

出典：日本自動車工業会「2050年カーボンニュートラルに向けた課題と取組み」

要すること、燃料電池自動車では材料・部品のコストが高いことが課題になっているが、2030年の次世代自動車の普及目標からも、技術開発が進むにつれ、今後はガソリン車からの本格的な転換期に入っていくだろう。2021年に実施された経済産業省による「カーボンニュートラルに向けた自動車政策検討会」では、2021年からの10年間で特に電気自動車の普及に力を入れることが目標に掲げられている。

　カーボンニュートラルについては多くの分野で二酸化炭素排出量削減目標に向けた取り組みが進んでいるが、関連して整備されつつある規制には注意が必要だろう。特に、トラックを含む自動車関係の規制の動向は、物流に与える影響も少なくないと考えられる。

　国際的に見ても電気自動車への転換やディーゼル車・ガソリン車への規制強化が先行するヨーロッパに目を向けると、2014年にEU（欧州連

合）は、自動車の排気ガスを規制するために「Euro6」を施行し、二酸化炭素排出量を抑える目標数値を達成できない場合には罰金が設けられているなど、厳しい規制内容になっている。2022年現在、2025年以降の施行を目指した次なる排出ガス規制「Euro7（仮称）」の検討が進められており、現行の「Euro6」よりもさらに厳しい規制となりそうだ。Euro6では一酸化炭素、炭化水素、窒素酸化物の規制が盛り込まれているが、Euro7では規制対象の物質が追加されるとの見方がある（日経Automotive、2021年2月号）。また2021年7月、EUでは2030年までに温室効果ガスを1990年のレベルと比べて55％削減する目標を掲げる「Fit for 55」を発表し、そのなかで2035年以降のハイブリッド車を含むガソリン車の新車販売は事実上禁止とする方針が盛り込まれている。

　日本においては、排出ガス規制が年々厳しくなっている傾向にはあるが、ヨーロッパほどの厳格な規制には至っていない。しかし、2050年のカーボンニュートラルの実現に向けて規制がさらに強化されていく方向になるだろう。物流のメジャーな輸配送手段である自動車への影響は必至だ。

　また、騒音の観点でも自動車に対する国際的な規制が強化されている。国際基準である国連四輪車走行騒音規制（R51-03）では、新車時の走行騒音を評価する試験法などが規定されている。

　R51-03の加速走行騒音試験法で求められた騒音値に対する規制値はフェーズ1からフェーズ3までの三段階で強化されることとなっており、適用時期も車両のカテゴリーごとに規定されているのが特徴だ。日本においては2022年現在、フェーズ2まで導入されており、フェーズ3については2024年以降に段階的な導入が予定されているものの、まだ検討段階である。規制値が強化されるフェーズ3を目安にした今後の検討次第では、物流の主要な輸配送手段であるトラックにも影響が及ぶ可能性がある。

　電気自動車を中心とした次世代自動車への転換については技術面から

	主な目標・発言	全自動車台数 （2015 年）	EV・PHV 定量台数目標			
			2016 年	2020 年	2030 年	2040 年
日本	2030 年までに EV・PHV の新車販売 20〜30％を目指す （経済産業省）	8000 万台	15 万台 （累計）	100 万台 （累計）	20〜30％ （新車販売）	
英国	2040 年までに ガソリン・ディーゼル車 販売終了※1 （運輸省・環境・食料農村地域省）	4000 万台	9 万台 （累計）	150 万台 （累計）		ガソリン・ ディーゼル 販売終了
フランス	2040 年までに GHG 排出自動車の 販売終了※1 （ユロ・エコロジー大臣）	4000 万台	8 万台 （累計）	200 万台 （累計）		ガソリン・ ディーゼル 販売終了
ドイツ	ディーゼル・ガソリン車の 禁止は独政府の アジェンダには存在しない （政府報道官）	5000 万台	7 万台 （累計）	100 万台 （累計）	600 万台 （累計）	
中国	2019 年から生産量の 一部※2 を EV・FCV・PHV とするよう義務化 （工信部）	1 億 6,000 万台	65 万台 （累計）	500 万台 （累計）	8,000 万台 （累計）	
米国 （加州）	販売量の一部※3 を ZEV※4 とする規制あり （2018 年から HV が対象外に） （カリフォルニア州）	2,500 万台	56 万台 （累計）	150 万台 （累計）		

※2025 年の目標

※1　PHV・HV の終了については明言されていない　※2　2019 年 10%,2020 年 12%　※3　2020 年 6%（EV・FCV のみの値）※4　Zero Emission Vehicle（EV・FCV・PHV）

図表6-6　EV 化の強度の比較（普及目標）

出典：資源エネルギー庁資料「地球温暖化について」（https://www.enecho.meti.go.jp/committee/studygroup/ene_situation/003/pdf/003_009.pdf）

注目されることが多いが、物流企業および荷主は、連動する法規制の状況に関しても注視し続ける必要がある。

● 3D プリンターの浸透から考える今後の「物流の変化」

　次に技術の観点から、3D プリンターについて見ていこう。そもそも3D プリンターとはデジタル工作（デジタルファブリケーション）の1つであり、「「積層造形技術」または「付加製造技術」を使ったデジタル工作機械の総称」である。技術的には、「これまで主流だった材料を回転する刃物で削り出す「切削加工」に比べて、加工・造形の自由度が高いだけでなく、短時間かつ低コストで造形できる」とされている（出典：平成27年度総務省情報通信白書、https://www.soumu.go.jp/

切削加工法

様々な工具を使って切り削る加工方法で多様な素材で一般的に用いられる加工手段

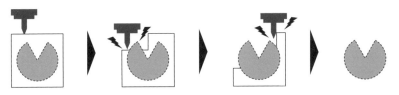

3Dプリント（積層法）

3D CADデータをもとにスライスされた2次元の層を1枚ずつ積み重ねていくことで立体モデルを製作する加工方法

図表6-7　切削加工法と3Dプリント（積層法）
出典：リコー公式ウェブサイトをもとに筆者作成
URL：https://www.ricoh.co.jp/3dp/what/advantages/

johotsusintokei/whitepaper/ja/h27/html/nc254220.html）。3Dプリンターは、製品の試作・設計を迅速化できる、高機能な型が作成可能なため生産性向上につながる、材料の無駄が出ない、といった特徴から、モノづくりに革新をもたらすものとして注目されている。

　現在、航空宇宙や自動車、建設、金型、医療、宝飾などの様々な分野で3Dプリンターの活用が広がっている。航空業界の例では、「米機械大手ハネウェル・インターナショナルは旧型機の保守管理に必要な部品の在庫を減らすため、注文を受けて3D造形されたエンジン部品を使っている。航空宇宙界の部品は多種多様だが少量しか必要ないため、3Dプリンターを使うことで大量生産の弱点を補える」（出典：日本経済新聞、https://www.nikkei.com/article/DGXZQODZ1509A0V11C20A2000000/）。

　身近なところでも3Dプリンターが活躍する場面が出てきている。3Dプリンターなどの販売を手掛けるイグアスでは、2020年に新型コロナウイルス感染症の拡大でマスクが不足した状況を受け、3Dプリンターを活用したオリジナルのマスクを開発した。「設計から製作まで、全工程を社内で実施することで、短期間での3Dマスク製作を実現した」という（出典：Monoist、https://monoist.itmedia.co.jp/mn/articles/2003/24/news039.html）。

　矢野経済研究所※によると、3Dプリンターの動向としては、新型コロナウイルス感染症の影響下で高額な3Dプリンターの装置を投入することが財務的に難しい状況にあることなどから、2023年頃までは出荷台数が伸び悩むとしている。

　一方で、新型コロナウイルス感染症の拡大によってサプライチェーンが分断された状況においては、製造場所の制約が少ない、短期間で製造できるといった3Dプリンターのメリットが注目されている。3Dプリンター造形後の仕上げ加工を省力化できるサービスや製品が増加傾向にあり、3Dプリンター活用の環境が整いつつあることから、今後造形物の大型化、材料の多品種化、造形物の品質保証の確立などが進めば将来的には3Dプリンター市場の成長は加速していくと予測されている（※出典：（株）矢野経済研究所「3Dプリンタ世界市場に関する調査（2021年）」2021年4月12日発表）。

　では、3Dプリンターの普及によってもたらされる将来について考えてみよう。特に大きな変化が想定されるのは製造業だ。設計図のデータと材料があれば場所を問わずに製品を製造できるということは、サプライチェーンに劇的な変化をもたらす。従来は海外から輸入して調達していた部品については、設計図などのデータと材料があれば国内で製造できるようになり、国際物流における完成品の輸送が大きく減少する可能性がある。オランダの大手金融機関INGが2017年に発表したレポートでは、今後は工業用に加えて家庭用の3Dプリンターの普及が進むこと

で、2040年には世界で製造されるモノの50％が3Dプリンターによって製造されると予測している。また、同レポートでは2060年までに国際貿易が25％減少するとの予測も発表している。

　国内で製造が完結するモノにおいても、製造拠点の配置が大きく変わることで物流にも影響するだろう。モノによっては、物流業者の営業所やコンビニのような場所に設置された3Dプリンターで完成品が製造され、そこから各家庭に配送されるラストワンマイルの物流のみが発生することもあるかもしれない。様々な製品においてモノを運ばずに済むことが現実的になれば、メーカーはサプライチェーンの戦略を再考することとなり、物流業者は輸配送の業務が変わることを踏まえて事業戦略を練り直す必要が出てくるだろう。

5　今後も有用な3つのアプローチ

●「物流の変化」から考えられること

　ここまで、2050年頃までの社会や環境の変化と、それに伴う「物流の変化」について見てきた。第3章から第5章まで、日本型サステナブル・ロジスティクスを実現するための打ち手として説明してきたホワイト物流、グリーン物流、レジリエンスとどのように関係してくるのか、まとめていきたい。「運ばれるモノ」と「運ぶ手段」のバランスの観点で再度整理しながら見ていこう。

　まずは、人口構造と世帯構成の変化が「運ぶ手段」に与える影響だ。少子高齢化が進み、「運ぶ手段」を支える労働力が不足するという状況が少なくとも今後しばらくは続くことがわかっている。人口の中で高い割合を占める高齢者を労働力として活用する取り組みや貨客混載の取り組みのように、モノを運ぶ担い手、つまり「運ぶ手段」を広く捉える打ち手なしでは、人手不足の状況が悪化することは必至だ。

　次に、輸送手段の中心となっている自動車への影響だ。技術・エネルギーの変化による「物流の変化」で取り上げたように、2050年のカーボンニュートラル実現に向け、排出ガス規制がさらに強化され、ディーゼル車・ガソリン車から電気自動車などの次世代自動車へ転換する過渡期に突入しつつある。トラックを抱える物流事業者はもちろんのこと、物流が不可欠な各業界の荷主企業も、従来のガソリン車から電気自動車への切り替えを余儀なくされる時期が到来することを踏まえ、各法規制の整備の状況や次世代自動車に関する技術の進展状況を注視していくことが必要だ。

　そして、「運ばれるモノ」に起因する影響も見逃せない。様々な業界で広がるマス・カスタマイゼーションによって個配の増加、サブスクリ

プション・サービスの拡大によって消費者側から出発する返品などの荷物の増加が予測される。結果として、「運ばれるモノ」が「運ぶ手段」を上回れば、人手不足を引き起こす可能性が高いだろう。

このように、「運ぶ手段」の不足に起因する人手不足に加え、「運ばれるモノ」の増加に起因する人手不足も近い将来の「物流の変化」によって引き起こされると考えられる。こうした人手不足の「物流の変化」に対しては、ホワイト物流のアプローチが引続き効果的となるだろう。

技術・エネルギーの変化による影響としては、環境への負荷が小さい物流の実現に向けた動きが加速していくことは間違いない。排出ガス規制強化の流れは、グリーン物流のアプローチを後押しすることに繋がるだろう。また、3Dプリンターの普及といった変化もグリーン物流に影響を与えそうだ。3Dプリンターが輸配送の業務に影響を与えうることは先に述べた通りであるが、環境への負荷を考慮し、3Dプリンターを活用することで、できるだけモノを運ばないようにする、モノを運ばずに済むようにするという取り組みが広がっていくことが考えられる。3Dプリンター自体に、材料の無駄を抑えるメリットもあるため、グリーン物流の実現に貢献するものとして活用が進んでいくと考えられる。

また前節では取り上げなかったが、グリーン物流の背景にある二酸化炭素の増加、地球温暖化やそれに伴う気候変動については、カーボンニュートラルの実現までの過程において、今後も向き合わなくてはならない課題である。株式会社ウェザーニューズが2017年に行った調査によると局地的な豪雨に代表される異常気象は地球温暖化による影響の可能性が指摘されており、局地的な豪雨の発生数は年々増加傾向にある（出典：総務省「最近の気象現象の変化について」、https://www.soumu.go.jp/main_content/000526164.pdf）。カーボンニュートラルの実現に向けた諸々の取り組みが停滞した場合、今後の異常気象によるリスクは現在より深刻化することが考えられ、第5章で論じたレジリエンス

を高める取り組みは必要不可欠となるだろう。

● 今、始めよう！

　本章の「1.」で、「運ばれるモノ」と「運ぶ手段」のバランスが不安定な状態が定常的に続くことを「物流の変化」と定義した。そして近い未来において発生しうる様々な「物流の変化」について述べてきたが、その多くが「運ばれるモノ」が増えるなかで「運ぶ手段」が追い付かないことで発生すると考えられるものであった。振り返れば、戦後の大量生産・大量消費の時代から現在に至るまで、「運ぶ手段」と「運ぶ手段」を支えるインフラは、増え続ける「運ばれるモノ」によって翻弄され続けてきた。

　近年の物流に関する動向に注目すると、「運ばれるモノ」を「運ぶ手段」に合わせる取り組みが始まっていることがわかる。物流の「シェアリング」はその一つだ。物流におけるシェアリングとは、複数の荷主の間で、物流リソース（施設、輸送モード、物流業務を行う従業員、マテハンなど）を共有する取り組みである。輸配送の需要に合わせて、限られた物流リソースを有効活用することで、物流事業者の業務効率化とコスト削減を図るものだ（なお、シェアリングを実現するためには物流業務の標準化が前提となってくるが、詳細は前著「日本型ロジスティクス4.0」にて解説しているので参照してほしい）。また、3Dプリンターの発展によって今後「運ぶ手段」の制約に合わせて「運ばれるモノ」を減らそうとする動きがさらに広がっていく可能性もある。

　ここで誤解してほしくない点は、たとえ「運ばれるモノ」が極端に減少したとしても、日本型サステナブル・ロジスティクスの概念がなくなるわけではない、ということである。第2章で述べた通り、「日本型サステナブル・ロジスティクス」の定義は、「日本国内の企業や物流に関係する人々が」「将来の世代のニーズを満たしつつ、現在の世代のニーズも満たせるように」「物流に関連する活動を包括的に管理すること」

である。「運ばれるモノ」が極端に減少したとしても、将来の世代の
ニーズを考慮しながら、必要な物流機能を維持できるように包括的に管
理するという考え方は欠かせない。また、「運ばれるモノ」が極端に減
少した時には、それまで物流機能の維持に充てていた物流リソースを企
業の中でどのように適切に振り分けるかを考えることも日本型サステナ
ブル・ロジスティクスの概念であると言える。

　直近では、2020年に米国で人的資本に関する情報開示が義務化され
るなど、海外で人的資本情報の開示を巡る動きが活発になってきてい
る。人的資本情報の開示は、人的資本、つまり労働者を企業の成長にお
いて外すことのできない要素ととらえ、人材戦略を定性的かつ定量的に
社内外に向けて明らかにすることで、企業の持続的発展を担保すること
を目的としている。この流れは近い将来、日本にも影響を及ぼすものと
予想されるが、未だ労働集約型の業務が多く残存する物流領域におい
て、関連する活動を包括的に管理する日本型サステナブル・ロジスティ
クスの考え方は、労働人口の減少が続く日本で、企業が持続的に発展す
るための大きな助けとなるだろう（なお、「日本型ロジスティクス4.0」
の概念は、日本型サステナブル・ロジスティクスそのものではないが、
物流の機能を高度化するという意味では、日本型サステナブル・ロジス
ティクスに寄与するものであると言える）。

　将来の社会や環境の変化とともに「物流の変化」を捉える、つまり
「運ばれるモノ」と「運ぶ手段」のバランスが崩れることをできるだけ
防ぐためには、日本型サステナブル・ロジスティクスを実現するための
ホワイト物流・グリーン物流・レジリエンスの3つのアプローチは今後
も有用であると考える。しかし、その3つに影響する変化は必ず訪れ
る。本章の冒頭で述べたように、課題が変わった時には打ち手を変える
必要がある。企業の経営計画のように、日本型サステナブル・ロジス
ティクスを実現するための打ち手についても、一定のサイクルの下で
我々を取り巻く社会や環境の分析を実施しながら、アップデートしてい

くことが大切である。

　2050年よりさらに将来の時間軸では、社会や環境の変化によって現在とは異なる「物流の変化」と課題が発生するだろう。その時、ホワイト物流、グリーン物流、レジリエンスの3つの具体的な打ち手には変化が求められる可能性はあるが、それぞれの考え方と日本型サステナブル・ロジスティクスの定義が変わることはないだろう。

　2050年、あるいはそれ以降においても日本型サステナブル・ロジスティクスの実現のための手段となり得るホワイト物流、グリーン物流、レジリエンスに着手するなら、今のうちから始めるべきではないだろうか。

参考・引用文献

- 「カーボンニュートラル」って何ですか？（前編）〜いつ、誰が実現するの？、経済産業省 産業技術環境局 地球環境対策室、経済産業省、2021/2/16
  https://www.enecho.meti.go.jp/about/special/johoteikyo/carbon_neutral_01.html
- 「ホワイト物流」推進運動について、国勢調査、国勢調査、不明
  https://white-logistics-movement.jp/outline/
- 「ホワイト物流」推進運動について、厚生労働省、厚生労働省、不明
  https://white-logistics-movement.jp/outline/
- 2050年カーボンニュートラルに伴うグリーン成長戦略、内閣府、内閣府、2021/6/18
  https://www.meti.go.jp/press/2021/06/20210618005/20210618005-3.pdf
- Ⅰ.主要航路コンテナ運賃動向 - 2020年/2021年対比、日本海事協会、日本海事協会、2021年
  https://www.jpmac.or.jp/file/1646017478395.pdf
- インターネットの誕生（たんじょう）、総務省、総務省、不明
  https://www.soumu.go.jp/hakusho-kids/life/what/what_12.html
- 気候変動の国際交渉、環境省、環境省、不明
  http://www.env.go.jp/earth/ondanka/cop.html
- これまでの道路政策とその現状、国土交通省、国土交通省、不明
  https://www.mlit.go.jp/common/000161148.pdf
- 昭和43年度運輸白書、（旧）運輸省、（旧）運輸省、1968年
  https://www.mlit.go.jp/hakusyo/transport/shouwa43/ind020402/frame.html
- 昭和55年度運輸白書、（旧）運輸省、（旧）運輸省、1980年
  https://www.mlit.go.jp/hakusyo/transport/shouwa55/ind020202/frame.html
- 昭和63年度運輸白書、（旧）運輸省、（旧）運輸省、1989年
  https://www.mlit.go.jp/hakusyo/transport/shouwa63/ind000101/frame.html
- 働き方改革に関する取組について、京都労働局労働基準部監督課、厚生労働省、2019年
  https://wwwtb.mlit.go.jp/kinki/content/000154266.pdf
- 法定割増賃金率の引上げ関係、厚生労働省、厚生労働省、不明
  https://www.mhlw.go.jp/new-info/kobetu/roudou/gyousei/kantoku/dl/091214-1_03.pdf
- 欧州委員会における炭素国境調整措置等の検討について、税制全体のグリーン化推進検討会、環境省、2021/8/11
  http://www.env.go.jp/policy/zgshiryou4.pdf
- 関東の道路 歴史と役割、『関東の道路　歴史と役割』編集委員会、国土交通省 関東地方整備局、2016年3月
  https://www.ktr.mlit.go.jp/ktr_content/content/000654129.pdf
- 岸田総理大臣によるCOP26出席、外務省、外務省、2021/11/2
  https://www.mofa.go.jp/mofaj/ic/ch/page4_005436.html
- 産業社会の変化と勤労者生活、政策統括官付　労働政策担当参事官室　分析第一係、分析第二係、厚生労働省、2010/8/3
  https://www.mhlw.go.jp/wp/hakusyo/roudou/10/dl/02-1-1.pdf
- 産業別月間実労働時間数、政策統括官付参事官付統計・情報総務室、厚生労働省、2021年12月
  https://www.mhlw.go.jp/toukei/youran/indexyr_d.html
- 主要耐久消費財の普及率の推移（二人以上の世帯）、内閣府 経済社会総合研究所景気統計部、内閣府、不明

- 総合物流施策大綱（2021年度～2025年度）、国土交通省、国土交通省、2021/6/15
  https://www.mlit.go.jp/seisakutokatsu/freight/content/001409564.pdf
- 脱炭素先行地域づくりガイドブック、環境省大臣官房地域脱炭素事業推進調整官室、環境計画課、環境省、2021/12/24
  https://www.env.go.jp/policy/roadmapcontents/cn0004_1.pdf
- 地域脱炭素ロードマップ（案）【概要】、内閣官房、内閣官房、2021/6/9
  https://www.cas.go.jp/jp/seisaku/datsutanso/dai3/siryou1-2.pdf
- 日本の地震これまでとこれから、国土交通省　水管理・国土保全局　防災課、国土交通省、不明
  https://www.mlit.go.jp/river/earthquake/future/index.html
- 物流連の問題意識、日本物流団体連合会、国土交通省、2017年
  https://www.mlit.go.jp/common/001177773.pdf
- 平成12年度運輸白書、運輸省運輸政策局情報管理部調査課、（旧）運輸省、2000/11/28
  https://www.mlit.go.jp/hakusyo/transport/heisei12/1-1/1-1-1-1.htm
- 平成12年度運輸白書、運輸省運輸政策局情報管理部調査課、（旧）運輸省、2000/11/28
  https://www.mlit.go.jp/hakusyo/transport/heisei12/1-1/zu1-1-10.htm
- 令和2年賃金構造基本統計調査、政策統括官付参事官付賃金福祉統計室、厚生労働省、2020/5/14
  https://www.mhlw.go.jp/toukei/itiran/roudou/chingin/kouzou/z2020/dl/01.pdf
- 令和2年賃金構造基本統計調査、政策統括官付参事官付賃金福祉統計室、厚生労働省、2020/5/14
  https://www.mhlw.go.jp/toukei/itiran/roudou/chingin/kouzou/z2020/dl/05.pdf
- 日本型ロジスティクス4.0-サービス多様化、物流費上昇、人手不足を一挙解決、クニエ　ロジスティクスグループ、日刊工業新聞社、2019/1/29
- SDGs Compass：SDGsの企業行動指針－SDGsを企業はどう活用するか－、英語版作成：GRI、国連グローバルコンパクト、WBCSD日本語版翻訳：グローバル・コンパクト・ネットワーク・ジャパン、公益財団法人地球環境戦略研究機関、公益財団法人地球環境戦略研究機関、2016年3月
  https://www.iges.or.jp/jp/pub/sdg-compass%EF%BC%9Asdgs%E3%81%AE%E4%BC%81%E6%A5%AD%E8%A1%8C%E5%8B%95%E6%8C%87%E9%87%9D%EF%BC%8Dsdgs%E3%82%92%E4%BC%81%E6%A5%AD%E3%81%AF%E3%81%A9%E3%81%86%E6%B4%BB%E7%94%A8%E3%81%99%E3%82%8B%E3%81%8B%EF%BC%8D/ja
- 持続可能な開発目標 | 国際連合広報センター、国際連合広報センター、国際連合広報センター、不明
  https://www.unic.or.jp/activities/economic_social_development/sustainable_development/sustainable_development_goals/
- 「ホワイト物流」推進運動ポータルサイト、「ホワイト物流」推進運動事務局、「ホワイト物流」推進運動事務局、不明
  https://white-logistics-movement.jp/
- グリーンロジスティクスガイド、日本ロジスティクスシステム協会、日本ロジスティクスシステム協会、不明
  http://www.logistics.or.jp/green/report/08 greenguide_00.html
- 「ホワイト物流」推進運動、国土交通省、国土交通省、2022/1/19
  https://white-logistics-movement.jp/archives/join_220121/
- 「ホワイト物流」推進運動、国土交通省、国土交通省、2019年
  https://white-logistics-movement.jp/outline/
- 「ホワイト物流」推進運動 推奨項目リスト、国土交通省、国土交通省、2019年
  https://white-logistics-movement.jp/wp-content/themes/white-logistics/docs/recommendation_list.pdf

- 「ホワイト物流」推進運動「自主行動宣言」の必須項目、国土交通省、国土交通省、2019年
  https://white-logistics-movement.jp/flow/
- トラック運転者の長時間労働改善に向けたポータルサイト、国土交通省、厚生労働省 「職業安定業務統計」、不明
  https://driver-roudou-jikan.mhlw.go.jp/national/index.html
- トラック運送業の現状等について、国土交通省、国土交通省、2018/12/21
  https://www.mlit.go.jp/common/001242557.pdf
- 経済センサス－基礎調査/平成26年経済センサス－基礎調査/企業等に関する集計 全国結果、総務省、総務省、2015/11/30
  https://www.e-stat.go.jp/stat-search/files?page=1&layout=datalist&toukei=00200552&tstat=000001072573&cycle=0&tclass1=000001074966&tclass2=000001077017&tclass3val=0
- 交通輸送統計年報、国土交通省、国土交通省、2020年7月
  https://www.mlit.go.jp/common/001354692.pdf
- 人口推計2021年（令和3年）10月1日現在、総務省、総務省、2022/4/15
  https://www.stat.go.jp/data/jinsui/2021np/pdf/2021np.pdf
- 平成30年度 宅配便取扱実績について、国土交通省、国土交通省、2019/10/1
  https://www.mlit.go.jp/report/press/jidosha04_hh_000195.html#:~:text=%E3%80%87%E5%B9%B3%E6%88%9030%E5%B9%B4%E5%BA%A6%E3%81%AE,%E3%81%AE%E6%B8%9B%E5%B0%91%E3%81%A8%E3%81%AA%E3%81%A3%E3%81%9F%E3%80%82
- 令和2年度宅配便等取扱個数の調査及び集計方法、国土交通省、国土交通省、2021/8/1
  https://www.mlit.go.jp/report/press/content/001418260.pdf
- 物流配慮デザイン（DFL）実態調査結果、サプライチェーンロジスティクス研究所、2021/9/1
  http://supply-chain.jp/?wpdmpro=dfl実態調査結果（概要版）
- SIPスマート物流サービスの取組み、国土交通省物流政策検討、国土交通省、2020/9/17
  https://www.mlit.go.jp/seisakutokatsu/content/001363931.pdf
- フィジカルインターネットシンポジウム2022、荒木勉、一般社団法人ヤマトグループ総合研究所、2022/3/18
- フィジカルインターネットロードマップ、フィジカルインターネット実現会議、国土交通省、2022年3月
  https://www.mlit.go.jp/report/press/content/001468631.pdf
- JPR導入事例「物流クレート標準化協議会様」、物流クレート標準化協議会、JPR、2016年11月
  https://www.jpr.co.jp/topics/case/std-crate.html
- 物流機器 製品情報、株式会社ナンシン
  https://www.nansin.co.jp/product/equipment/2322
- LETTER TO CEO 2018 A Sense of Purpose、ブラックロック・ジャパン株式会社、ブラックロック・ジャパン株式会社、2018/1/12
  https://www.blackrock.com/jp/individual/ja/about-us/ceo-letter/archives/2018
- カーボンニュートラルとは、環境省、環境省、2021年7月
  https://ondankataisaku.env.go.jp/carbon_neutral/about/
- グリーンロジスティクスガイド、社団法人 日本ロジスティクスシステム協会 ロジスティクス環境会議、日本ロジスティクスシステム協会、2008年4月
  http://www.logistics.or.jp/green/report/pdf/08greenguide.pdf
- 日本産業規格 包装－用語（JISZ0108：2012）、日本産業標準調査会、日本産業標準調査会、2021/10/20
  https://www.jisc.go.jp/pdf1/Viewer/c5149d9b-6bc8-4a72-93dc-3b8e8a425440/870f6973-e0ea-4b55-80f7-b9da2710c0dc

- 令和2年度 産業経済研究委託事業（電子商取引に関する市場調査）、経済産業省 商務情報政策局 情報経済課、経済産業省 、2021年7月
  https://www.meti.go.jp/press/2021/07/20210730010/20210730010.html
- 温室効果ガスインベントリオフィス、国立研究開発法人 国立環境研究所、国立研究開発法人 国立 環境研究所、不明
  https://www.nies.go.jp/gio/#:~:text
- 温室効果ガスインベントリの概要、環境省、環境省、不明
  https://www.env.go.jp/earth/ondanka/ghg-mrv/overview.html#
- 温室効果ガスの種類、国土交通省 気象庁、国土交通省 気象庁、不明
  https://www.data.jma.go.jp/cpdinfo/chishiki_ondanka/p04.html
- 関係省庁共通パンフレット ダイオキシン類、環境省水・大気環境局総務課ダイオキシン対策室、 環境省、2009年
  http://www.env.go.jp/air/dioxin/2009pamph.pdf
- 企業の脱炭素経営への取組状況、環境省、環境省、不明
  http://www.env.go.jp/earth/datsutansokeiei.html
- 最終エネルギー消費、独立行政法人 環境再生保全機構、独立行政法人 環境再生保全機構、不明
  https://www.erca.go.jp/yobou/taiki/yougo/kw58.html
- 二酸化炭素の部門別排出量の「部門」について、全国地球温暖化防止活動推進センター、全国地 球温暖化防止活動推進センター、不明
  https://www.jccca.org/faq/15954
- 平成30年版 環境・循環型社会・生物多様性白書、環境省、環境省、2018年
  https://www.env.go.jp/policy/hakusyo/h30/html/hj18020301.html#n2_3_1
- 令和2年10月26日 第二百三回国会における菅内閣総理大臣所信表明演説、内閣官房内閣広報 室、首相官邸、不明
  https://www.kantei.go.jp/jp/99_suga/statement/2020/1026shoshinhyomei.html
- 令和2年度 宅配便等取扱個数の調査及び集計方法、国土交通省、国土交通省、2021/8/6
  https://www.mlit.go.jp/report/press/content/001418260.pdf
- 運輸部門における二酸化炭素排出量、国土交通省、国土交通省、2021/4/27
  https://www.mlit.go.jp/sogoseisaku/environment/sosei_environment_tk_000007.html
- 1からわかる！地球温暖化（2）パリ協定と京都議定書、何が違うの？、日本放送協会、日本放送 協会、2020/4/27
  https://www3.nhk.or.jp/news/special/news_seminar/jiji/jiji62/
- SBT（Science Based Targets）、環境省 経済産業省、環境省、不明
  https://www.env.go.jp/earth/ondanka/supply_chain/gvc/intr_trends.html
- SBT認定を取得した日本企業からサプライヤーへの要請、環境省、環境省、不明
  https://www.env.go.jp/earth/ondanka/supply_chain/gvc/files/SBT_syousai_all_20220317.pdf
- STOP THE 温暖化 2008、環境省 地球環境局、環境省、2008年
  https://www.env.go.jp/earth/ondanka/stop2008/full.pdf
- エネルギー起源Co2とは、五島市 総務企画部 未来創造課 ゼロカーボンシティ推進班、長崎県五 島市、2021/3/1
  https://www.city.goto.nagasaki.jp/energy/010/050/020/20210301154941.html
- グリーン物流ってなんだろう？、日本ロジスティクスシステム協会、グリーン物流パートナーシッ プ、2010年2月
  https://www.greenpartnership.jp/about/child.pdf

- グリーン物流パートナーシップ　活動情報、グリーン物流パートナーシップ、グリーン物流パートナーシップ、2022/3/8
  https://www.greenpartnership.jp/
- グリーン物流パートナーシップ会議、国土交通省、国土交通省、不明
  https://www.mlit.go.jp/seisakutokatsu/freight/GreenLogisticsPartnership.html
- サプライチェーンを通じた温室効果ガス排出量算定に関する基本ガイドライン（ver.2.4）、環境省 経済産業省、環境省、2022年3月
  https://www.env.go.jp/earth/ondanka/supply_chain/gvc/files/tools/GuideLine_ver2.4.pdf
- サプライチェーン排出量とは、環境省 経済産業省、環境省、不明
  https://www.env.go.jp/earth/ondanka/supply_chain/gvc/supply_chain.html
- パリ協定、全国地球温暖化防止活動推進センター、全国地球温暖化防止活動推進センター、不明
  https://www.jccca.org/global-warming/trend-world/paris_agreement
- パリ協定に基づく成長戦略としての長期戦略、内閣、環境省、2021/10/22
  https://www.env.go.jp/earth/chokisenryaku/mat04.pdf
- 温室効果ガス排出量算定・報告・公表制度に基づく平成30（2018）年度温室効果ガス排出量の集計結果を取りまとめました、経済産業省 産業技術環境局、経済産業省、2022/3/18
  https://www.meti.go.jp/press/2021/03/20220318005/20220318005.html
- 気候変動に関する国際枠組み、外務省、外務省、2022/2/8
  https://www.mofa.go.jp/mofaj/ic/ch/page22_003283.html#:~:text=
- 気候変動枠組条約、全国地球温暖化防止活動推進センター、全国地球温暖化防止活動推進センター、不明
  https://www.jccca.org/global-warming/trend-world/unfccc
- 京都メカニズムの概要、環境省、環境省、不明
  https://www.env.go.jp/earth/cop6/3-4.html
- 京都議定書とは？合意内容とその後について、公益財団法人世界自然保護基金ジャパン、公益財団法人世界自然保護基金ジャパン、2010/9/14
  https://www.wwf.or.jp/activities/basicinfo/3536.html
- 京都議定書の概要、環境省、環境省、不明
  https://www.env.go.jp/earth/cop6/3-2.html
- 京都議定書の概要、全国地球温暖化防止活動推進センター、全国地球温暖化防止活動推進センター、不明
  https://www.jccca.org/cop/kyo01
- 国連交渉（COP、CMP、CMA、SB）、外務省、外務省、2021/11/16
  https://www.mofa.go.jp/mofaj/gaiko/kankyo/kiko/cop_sb_index.html
- 算定・報告・公表制度の概要、環境省、環境省、2021/3/2
  https://ghg-santeikohyo.env.go.jp/about#
- 算定・報告・公表制度の概要、環境省、環境省、不明
  http://www.env.go.jp/earth/ondanka/supply_chain/com01/mat05.pdf
- 脱炭素経営に向けた取組の広がり、環境省、環境省、2022/3/31
  http://www.env.go.jp/earth/20220331_%E3%80%90%E8%84%B1%E7%82%AD%E7%B4%A0%E7%B5%8C%E5%96%B6%E3%80%91%E6%97%A5%E6%9C%AC%E8%AA%9E%E7%89%88.pdf
- 地球温暖化対策の推進に関する法律の一部を改正する法律案の閣議決定について、環境省、環境省、2021/3/2
  https://www.env.go.jp/press/109218.html

- 地球温暖化対策計画、内閣　環境省、2021/10/22
  http://www.env.go.jp/earth/211022/mat01.pdf
- 地球温暖化対策計画（令和3年10月22日閣議決定）、環境省、環境省、2021/10/22
  http://www.env.go.jp/earth/ondanka/keikaku/211022.html
- 日本のNDC（国が決定する貢献）、地球温暖化対策推進本部、環境省、2021/10/22
  https://www.env.go.jp/press/110060/116985.pdf
- 非エネルギー起源Co2とは、五島市　総務企画部 未来創造課 ゼロカーボンシティ推進班、長崎県五島市、2021/3/1
  https://www.city.goto.nagasaki.jp/energy/010/050/020/20210301154941.html
- 令和3年度（第20回）「グリーン物流パートナーシップ会議」参加者アンケート調査結果、グリーン物流パートナーシップ、グリーン物流パートナーシップ、不明
  https://www.greenpartnership.jp/asset/53713/view
- 令和3年度優良事業者表彰受賞事業（全10件）、グリーン物流パートナーシップ、グリーン物流パートナーシップ、不明
  https://www.greenpartnership.jp/asset/53646/view
- サプライチェーン排出量算定の考え方、環境省、環境省、2017年11月
  https://www.env.go.jp/earth/ondanka/supply_chain/gvc/files/tools/supply_chain_201711_all.pdf
- ロジスティクス分野におけるCO2排出量算定方法共同ガイドラインVer.3.1、経済産業省 国土交通省、経済産業省、2016年3月
  https://www.enecho.meti.go.jp/category/saving_and_new/saving/ninushi/pdf/guidelinev3.1.pdf
- 荷主のエネルギー使用量の算定方法、経済産業省 資源エネルギー庁、経済産業省、不明
  https://www.enecho.meti.go.jp/category/saving_and_new/saving/enterprise/transport/institution/
- 荷主省エネの課題と検討の方向性、経済産業省 資源エネルギー庁、経済産業省、2021年3月
  https://www.meti.go.jp/shingikai/enecho/shoene_shinene/sho_energy/ninushi_wg/pdf/004_01_00.pdf
- 物流分野のCO2排出量に関する算定方法ガイドライン、経済産業省　国土交通省、グリーン物流パートナーシップ、不明
  https://www.greenpartnership.jp/co2brochure.pdf
- 23年度から荷主クラス分け評価制度導入へ＝経産省／省エネ法、カーゴ・ジャパン、カーゴ・ジャパン、2022/1/6
  http://cargo-news.co.jp/cargo-news-main/3390
- エネルギーの使用の合理化等に関する法律　省エネ法の概要、経済産業省 資源エネルギー庁、経済産業省、2019年1月
  https://www.enecho.meti.go.jp/category/saving_and_new/saving/summary/pdf/20181227_001_gaiyo.pdf
- 省エネ再エネ高度化投資促進税制（うち省エネ関係）の廃止に伴う対応（お知らせ）、経済産業省 資源エネルギー庁、経済産業省、2020/12/22
  https://www.enecho.meti.go.jp/category/saving_and_new/saving/information/180323a/pdf/001.pdf
- 事業継続ガイドライン－あらゆる危機的事象を乗り越えるための戦略と対応－（令和3年4月）、内閣府防災担当、内閣府政策統括官（防災担当）、2021年4月
  https://www.bousai.go.jp/kyoiku/kigyou/keizoku/pdf/guideline202104.pdf
- 困難な時代でも企業を存続させる‼「事業継続マネジメント」実践ガイド、田代邦幸、セルバ出版、2021/10/25

- 待ったなし! BCP［事業継続計画］策定と見直しの実務必携−水害、地震、感染症から経営資源を守る、本田茂樹、経団連出版、2021/8/4
- Containers for the Physical Internet：requirements and engineering design related to FMCG logistics、Landschützer, C., Ehrentraut, F. & Jodin, D、Springer Link、2015/10/29
  https://doi.org/10.1007/s12159-015-0126-3
- フィジカルインターネット 企業間の壁崩す物流革命、エリック・バロー、ブノア・モントルイユ、ラッセル・D・メラー著　荒木 勉訳、日経BP、2020/6/25
- 第5回物資流動調査 東京都市圏の望ましい物流の実現に向けて、東京都市圏交通計画協議会、東京都市圏交通計画協議会、2015年12月
  https://www.tokyo-pt.jp/static/hp/file/publicity/01_151216.pdf
- 「東日本大震災関連倒産」動向調査、帝国データバンク、帝国データバンク、2016/3/1
- 2021/3/8
  https://www.tdb.co.jp/report/watching/press/pdf/p160301.pdf
  https://www.tdb.co.jp/report/watching/press/pdf/p210303.pdf
- 2050年までの経済社会の構造変化と政策課題について、経済産業省 第1回 産業構造審議会 2050経済社会構造部会、経済産業省、2018年9月
  https://www.meti.go.jp/shingikai/sankoshin/2050_keizai/pdf/001_04_00.pdf
- 首相官邸HP、首相官邸、首相官邸、
  https://www.kantei.go.jp/jp/headline/seisaku_kishida/newcapitalism.html
- 令和2年版厚生労働白書、厚生労働省、厚生労働省、2020年10月
  https://www.mhlw.go.jp/content/000735866.pdf
- 国土の長期展望専門委員会最終とりまとめ参考資料、国土交通省国土審議会、国土交通省、2021/6/15
  https://www.mlit.go.jp/policy/shingikai/content/001412278.pdf
- 男女共同参画白書 令和2年版、内閣府男女共同参画局、内閣府男女共同参画局、2020年7月
  https://www.gender.go.jp/about_danjo/whitepaper/r02/zentai/html/zuhyo/zuhyo01-00-15.html
- 中山間集落のひと・もの輸送システム構築事業− カリコボーズのホイホイ便プロジェクト、宮崎県西米良村、国土交通省、2015年
  https://www.mlit.go.jp/common/001126983.pdf
- 日本の世帯数の将来推計（全国推計）、国立社会保障・人口問題研究所、国立社会保障・人口問題研究所、2018/1/12
  https://www.ipss.go.jp/pp-ajsetai/j/HPRJ2018/hprj2018_gaiyo_20180117.pdf
- 令和2年度 年次経済財政報告、内閣府　経済財政政策担当大臣、内閣府、2020/11
  https://www5.cao.go.jp/j-j/wp/wp-je20/pdf/p04011.pdf
- 令和3年版少子化社会対策白書、内閣府、内閣府、2021年7月
  https://www8.cao.go.jp/shoushi/shoushika/whitepaper/measures/w-2021/r03pdfhonpen/pdf/s1-1.pdf
- 2020年 米国の返品額は約60兆円。返品業務の課題解決を目指す、返品交換自動化SaaS「Recustomer」のβ版をリリース、Recustomer、Recustomer、2021/6/9
  https://prtimes.jp/main/html/rd/p/000000010.000046039.html
- サブスクリプションサービス市場に関する調査、矢野経済研究所、矢野経済研究所、2022/6/8
  https://www.yano.co.jp/press-release/show/press_id/2997
- 若者の現在と10年後の未来〜消費行動編−消費のデジタル化、新型コロナで変化が加速、ニッセイ基礎研究所　生活研究部 上席研究員 久我 尚子、ニッセイ基礎研究所、2020/4/15

https://www.nli-research.co.jp/files/topics/64251_ext_18_0.pdf?site=nli
* 生活製品におけるIoT等のデジタルツールの活用による生活の質の向上に関する研究会 報告書、経済産業省生活製品におけるIoT等のデジタルツールの活用による生活の質の向上に関する研究会、経済産業省、2018年3月
  https://www.meti.go.jp/policy/mono_info_service/mono/fiber/downloadfiles/01_report.pdf
* 通信販売事業関与者の実態調査2021、エルテックス、エルテックス、2021/8/27
  https://www.eltex.co.jp/lab/research/pdf/eltex_research20210827.pdf
* 平成28年度消費生活に関する意識調査 結果報告書、消費者庁、消費者庁、2017年7月
  https://www.caa.go.jp/policies/policy/consumer_research/research_report/survey_001/pdf/information_isikicyousa_170726_0003.pdf
* 返品商品の回収を請け負う返品プロバイダーの役割と手法、JNEWS、JNEWS、2021/7/17
  https://www.jnews.com/world/2021/017.html
* 令和2年度 産業経済研究委託事業（電子商取引に関する市場調査）、経済産業省 商務情報政策局情報経済課、経済産業省、2021年7月
  https://www.meti.go.jp/policy/it_policy/statistics/outlook/210730_new_hokokusho.pdf
* 2050年カーボンニュートラルに向けた課題と取組み、日本自動車工業会、経済産業省、2021/4/28
  https://www.meti.go.jp/shingikai/mono_info_service/carbon_neutral_car/pdf/004_04_00.pdf
* 3Dプリンタ世界市場に関する調査（2021年）、（株）矢野経済研究所、（株）矢野経済研究所、2021/4/12
  https://www.yano.co.jp/press-release/show/press_id/2704
* ING 3D printing：a threat to global trade、ING、ING、2017/9/28
  https://think.ing.com/uploads/reports/3D_printing_DEF_270917.pdf
* MONOist「新型コロナで深刻なマスク不足を3Dプリンタで解消、イグアスが3Dマスクを開発」、MONOist、MONOist、2020/3/24
  https://monoist.itmedia.co.jp/mn/articles/2003/24/news039.html
* Sustainability Frontline、岡山奈央、有限会社エコネットワークス、2020/5/1
  https://www.econetworks.jp/internatenw/2020/05/future_logistics/
* カーボンニュートラルに向けた自動車政策検討会 第3回資料、経済産業省 カーボンニュートラルに向けた自動車政策検討会、経済産業省、2021/4/16
  https://www.meti.go.jp/shingikai/mono_info_service/carbon_neutral_car/pdf/003_03_00.pdf
* リコー公式ウェブサイト これまでの加工方法（切削）となにが違うの？、リコー、リコー、－
  https://www.ricoh.co.jp/3dp/what/advantages/
* 欧州次期排ガス規制、厳しさは想定以上か、日経Automotive 2021年2月号、日経Automotive、2021/1/19
  https://xtech.nikkei.com/atcl/nxt/column/18/01519/00002/
* 今後の自動車単体騒音低減対策のあり方について（第四次報告）、環境省 中央環境審議会、環境省、2022/3/28
  https://www.env.go.jp/council/07air-noise/sankou1_jisousen.pdf
* 次世代モビリティガイドブック2019-2020、環境省・経済産業省・国土交通省、環境省、2020年3月
  https://www.env.go.jp/air/zentai2019-2020.pdf
* 自動車環境基準の国際基準調和と国内取り入れの動向について、国土交通省自動車局環境政策課 次世代自動車推進官 大橋将太、国土交通省、2015/11/18
  https://www.ntsel.go.jp/Portals/0/resources/forum/2015files/11118_invited2.pdf
* 新ものづくり研究会 報告書、経済産業省、経済産業省、2014/2/21
  https://www.meti.go.jp/committee/kenkyukai/seisan/new_mono/pdf/report01_02.pdf

- 3Dプリンタが生み出す付加価値と2つのものづくり～「データ統合力」と「ものづくりネットワーク」～、経済産業省、経済産業省、2014/2/21
  https://www.meti.go.jp/committee/kenkyukai/seisan/new_mono/pdf/report01_02.pdf
- 地球温暖化について、資源エネルギー庁エネルギー情勢懇談会（第3回）、資源エネルギー庁、2017/11/13
  https://www.enecho.meti.go.jp/committee/studygroup/ene_situation/003/pdf/003_009.pdf
- 日本経済新聞　3Dプリンターが変える　航空宇宙産業のものづくり、日本経済新聞、日本経済新聞、2020/12/21
  https://www.nikkei.com/article/DGXZQODZ1509A0V11C20A2000000/
- 平成27年度総務省情報通信白書、総務省、総務省、2015年
  https://www.soumu.go.jp/johotsusintokei/whitepaper/ja/h27/pdf/n5400000.pdf
- 最近の気象現象の変化について、ウェザーニューズ、ウェザーニューズ、2017/12/19
  https://www.soumu.go.jp/main_content/000526164.pdf

【編者著紹介】

株式会社クニエ　ロジスティクス担当

NTTデータグループのビジネスコンサルティングファームである株式会社クニエに、2017年に編成されたロジスティクス専門のプロフェッショナル集団。

様々な産業におけるロジスティクス改革の豊富な経験をもとに、ロジスティクス戦略策定から、ロジスティクスオペレーション改善、物流コスト適正化、ロジスティクスIT導入などあらゆるアプローチによりお客様の経営課題を解決し、企業価値の向上に寄与している。

日本型サステナブル・ロジスティクス
—人手不足、コスト増、環境問題、災害を乗り越えて生き残る方法　　NDC675

2022年 7 月25日　初版 1 刷発行　　　　　定価はカバーに表示されております。

© 編著者　　㈱クニエ ロジスティクス担当
発行者　井 水 治 博
発行所　日刊工業新聞社

〒103-8548　東京都中央区日本橋小網町14-1
電話　書籍編集部　　03-5644-7490
　　　販売・管理部　03-5644-7410
　　　FAX　　　　　03-5644-7400
振替口座　00190-2-186076
URL　https://pub.nikkan.co.jp/
email　info@media.nikkan.co.jp

印刷・製本　新日本印刷